考課者必携

改訂3版

人材評価着眼点シート

楠田丘〔監修〕　野原茂〔著〕

監修のことば

（評価の鍵――考課者の眼）

上司つまり考課者の部下を見る眼が不揃いでは、人事考課の全社的公正さを達成維持することはできない。考課が行われたあとでそのゆがみを是正することは事実上不可能で、事前に眼を揃えることが大切である。

もちろん、人が人を評価するのであるから完全にすべての眼を同じに揃えることはむずかしい。その点では人事考課の客観性、公平性にはおのずから限界があろう。そこで人事考課を補う意味で、試験、多面評価、修得認定、自己申告などさまざまな方策が併せて講じられる。とはいっても評価のメインはやはり人事考課をおいてはないから、その公正さを高めるために考課者の眼を揃えるよう、最大限の努力がなされねばならない。

（人事考課のしくみ）

では一体、考課者の眼を揃えるとはどういうことであろうか。それは人事考課のしくみを確実に理解することである。人事考課のしくみを簡単に説明すると、次の三つのステップからなる。①まず、考課期間中において当人がその役割と目標(いわゆる職務基準)をどのように達成できたかを正しくレビューし評価する。ついで、②達成できたとしたら、または達成できなかったとしたら、それはなぜであったか、それをもたらした原因をつきとめ詳細に分析する。そして、③事態の一層の改善を目指して部下とじっくり話し合い努力する。第一のステップが成績考課であり、第二が情意考課や能力考課であり、そして第三ステップがフィードバックである。

つまり、漠然と、潜在能力をも含めて、感じで良いとか悪いというのではなく、部下の日常の職務行動をしっかり見つめ(行動の選択)、それに基づいて結果や原因を分析するという姿勢が大切なのである。人事考課は単なる品定めや序列づけではない。部下の職務行動の分析だという点が大切なのである。

(成績とその原因の見きわめ方)

役割や目標の達成度つまり成績を左右する原因は大きく分けて三つある。イ、職務活動にかかわり合った有利不利の諸条件(中間項)、ロ、仕事に取り組んだ意欲や気力(情意)、ハ、当人の能力事情(知力や習熟)、である。イの中間項としては、外部条件や組織内諸事情や仕事の量や健康状態があり、ロの情意としては規律性、協調性、積極性、責任性があり、ハの知力や習熟としては知識、技術、判断力、企画力、折衝力、指導力などがある。もし職務基準の達成度（成績考課）が不十分であったとしたら、それをもたらした原因は右の諸要素のどれであったのかを見きわめ（要素の選択）、情意や能力に問題があったとしたら期待度（職務基準や等級基準）に照らしどうズレているか、またはズレていなかったかを把握し評価する（段階の選択）、というのが人事考課の内容なのである。

したがって、目標面接で職務基準をはっきりさせ、その達成度の評価としての成績考課を具体的なもの（課業別評価）としたうえで、要素の選択、段階の選択の基準を全社的に揃えることが、人事考課の公正さを実現するうえでの最大のポイントとなる。考課者訓練のねらいもそこにある。

（どういう行動をどうみればよいのか――いわば具体的判例集が本書のねらい）

分析評価がしやすいようにする。そして分析評価の眼を養い揃えることが人事考課設計上のポイントであり、考課者訓練のねらいでもあるわけだが、具体的にどういう行動がどの要素に該当しどう評価すればよいのかの、いわば具体的判例集みたいなものがあれば便利でもあり有効でもある。それが、考課上の着眼点ともなり、考課者の有効な指針ともなるからである。抽象的な説明や解説だけでは、どんなに詳しいものでも、考課者の眼を揃えるうえで不十分であり、それだけでは人事考課のエラーの壁を乗りこえることはできない。

そこで本書は、日常の部下のどういう職務行動をどう取り上げ、どの要素でどう評価すればよいのかを、その着眼点をたくさんの行動事例を取り上げ、示し解説しようとすることをねらいとしたものである。まさにはじめての企画として取り組んだのが本書である。規律性から始まって管理統率力に至るまで、情意考課、成績考課、能力考課のすべての分野にわたって、その要素別行動の着眼点を、できるだけ豊富にできるだけ現実の職場活動に密着した形で取り上げることとした。

（考課者訓練の書として、考課表設計上の指針として）

したがってこの書は、実践的考課者訓練のテキストとして有効であるとともに、考課表を設計するうえで要素の着眼点としても大いに活用できるようになっている。考課者全員の必読書として活用されればまことに幸いである。著者はこの分野で今日、最もめざましく活躍している野原茂氏が周倒な用意と細心の配慮をもってこれに当たった。

監修者　楠　田　丘

まえがき

本書は、拙著「上司のための人を活かす人事考課ハンドブック」（経営書院刊）の続編として執筆したものです。

人事考課という考課者の判断行動については、すでに前掲書第四章で取り上げたところですが、本書ではその三つの判断行動のうち、二つの判断行動、①行動の選択、②要素の選択、という核心的側面に照準をおいています。もちろん③段階の選択が重要でないというわけではありませんが、上司（企業）が期待し求めたものを、部下がクリアーしたかどうかの正しい判断を下すには、まず当初の役割の設定いかんにかかっており、この職務基準（役割基準）や、そのベースとなる等級基準（職能要件）の期待像が具体的に決定づけられ、なおかつ考課者、被考課者間でしっかり相互確認がされているならば、そうそう判断上の極端な過ちをおかさずにすむといえます。

しかし、実際問題として、この判断を下す基準となる職務基準が、いかに明確にされていたとしても、その基準の運用というか、適用がまずければ、せっかくの基準も無用の長物となってしまいます。

そこで、人事考課における判断を誤まらないためには、基準を適用する対象となるものを正しくとらえ、そして基準の適用方法を誤らないようにすることが、重要な要素となってきます。

さて、基準を適用する対象ですが、それはまさしく、人事考課の対象となりうる行動ということになります。部下の行動のすべてが考課の対象となるわけではありません。そこでまず、どの行動が人事考課の対象となるか、どれがならないかを的確に判断することが適用対象を正しくとらえることになるわけで、これを人事考課では「行動の選択」といっています。つまり、人事考課でいうところの「行動の選択」とは、上司（考課者）の目に映った部下の行動のうち、考課の対象とならない行動を切り捨てたり、取り上げていく上司の判断行動をさすわけです。

考課の対象とならない行動を切り捨ててしまったあとの行動は、すべて考課の対象ということになりますが、その行動に対し、どの基準を当て込むことを判断するか、これが基準の適用方法です。人事考課では、これを「要素の選択」といっていますが、せっかく、行動を正しくとらえても、その行動に対し、どの基準を当てはめるかの判断を誤まっては、適正な人事考課とはなりえません。

最後は、その行動と基準を照らしてみて、その行動が、期待基準に対してどうであったかの判断を下すことになるわけで、これが「段階の選択」です。「段階の選択」は、人事考課という判断行動の最終工程に匹敵するわけですが、この最終工程は、基準が明確にされており、対象となる行動もしっかりとらえられ、しかもその行動を評価するにふさわしい基準が適用されているかぎりにおいては、判断で極端に迷ったり、ひどく躊躇したりすることは、かなりさけられそうにも思えます。

このような見方に立つと、人事考課の三つの判断行動は、「行動の選択」と「要素の選択」という前工程に、かなりのウエイトがかかっていきます。

一方、現実の職場においてはどうか。この三つの判断行動のうち、考課者の皆さんの多くが苦労されているのが、「行動の選択」ないしは「要素の選択」にあることは、まぎれもない事実のようです。

これは、実際に各企業を訪問して人事諸制度や人事考課制度の見直しのお手伝いをしたり、考課者訓練を実施したりする折に、多くの管理監督者の方々から、異口同音にでる言葉でもありますし、そのウラハラの関係として、判断に対する確信や自信のなさなどのために、間違った考課を行ったり、またそれがそのまま罷り通っているという事実も数多く見てきました。

人事考課が選別の論理に基づく相対考課である場合ならともかく、育成の論理による絶対考課においては、この三つの判断行動にしたがっての考課は欠かせないところです。それは、相対考課が、たんに人物比較をするだけで十分であるのに対し、絶対基準というモノサシに対して、部下の行動はどうであったかの判断を迫られるものであるからです。

したがって行動そのもののとらえ方がいいかげんであったのでは、絶対考課は成り立たなくなってしまいます。絶対考課においては、まず〝初めに考課の対象となる行動ありき〟で、その対象となる行動について問うことが、成立の不可欠要件といえます。

三つの判断行動は、それ自体が行動の観察と分析の過程とも考えられるところから、人事考課はいかに行動を観察し、分析を進めていくかにかかっているともいえます。考課者としては、正しい判断行動をするためには、部下の行動を観察し、分析することが求められるのは、当然としなければなりません。

とはいうものの日常多忙な管理監督者が、部下の――それもいく人かの――行動の一切を観察、分析、するとなると、これは管理監督者にとっては大変な重荷となることはのがれません。終日、部下の行動の観察と分析に明けくれるというわけにもいきませんので、観察、分析をするにしても、条件的にかなり制約されることは明白です。

そこで、もしできることならば、管理監督者が、多忙な中での効果的な観察、分析を行い、正しい判断行動ができる手がかりがあればということになるわけです。その手がかりの一助にと本書は考えております。

その中でも、「行動の選択」と「要素の選択」の判断を、適切に行うための〝行動の観察と分析のための着眼点〟は、大いに活用していただけるのではないかと考えます。

この〝行動の観察と分析のための着眼点〈略して行動の着眼点〉〟については、第2章で詳しく触れておきましたが、行動の着眼点とは、一口に言うならば、それは、あらかじめ、部門や職場単位に、人事考課の対象となる行動を洗い出し、考課区分または考課要素別に分類整理したリストであり、かつまた、「行動の選択」「要素の選択」の判断を下す際の手がかりとなるものである――といえます。

もちろんこのような〝行動の着眼点〟をつくることや、それを手がかりに考課を進めることには、多少の問題点があるかもしれませんが、多忙な部長、課長さん、係長、主任、班長さんが、時間の制約という不可避的条件の中で、部下の行動の観察と分析を効果的に行い、その観察と分析をとおして、正しい判断行動に一歩でも二歩でも近づくことができるならば、それなりに意義あることではないかと考えます。

この着眼点を含めて、人事考課の三つの判断行動を正しく行うためのノウハウを集約し、さらには、人材評価の理解を深めるための演習も用意しました。これが本書の内容です。

本書は、前著の「上司のための人を活かす人事考課ハンドブック」の続編としてとりまとめた関係上、前著との併読によって、絶対考課に関するより一層の理解を深められるものと確信いたします。また、本書を十分に理解していただくことが、前著の理解をさらに深める部分もかなりあるように思います。

前著同様、各企業の考課者の方々にご活用いただければ、望外の喜びとするところです。

野　原　茂

目　次

第1章

人事考課と
３つの判断行動

一人ひとりを見つめ、その人のどこが優れ、どこが問題なのか、その人を今後どう育成すればよいのか、を考えるのが絶対考課です。

1 三つの判断行動とは

すでにふれたとおり、人事考課の実際は三つの判断行動として理解することができます。そこで人事考課に当たっては、まず、正しい判断行動とは——について、十分に理解しておく必要があります。人事考課で正しい判断を下すには、三つの判断行動のプロセスをきちんと踏んで、判断を下していかなければなりません。別の表現にかえますと、それはまさに部下の職務遂行行動の観察、分析、記録のプロセス行動であるともいえます。

ところでこの一連の判断行動は、図表1で示すように①行動の選択、②要素の選択、③段階の選択のステップに従って判断していくことがポイントで、①を抜きにして、いきなり②から判断を進めていったのでは正しい結果は得られません。この①→②→③というステップに従うことが、絶対考課での正しい論理的思考過程であるということです。

しかしながら現実の人事考課において、このステップに従って判断が進められているか

図表１　３つの判断行動

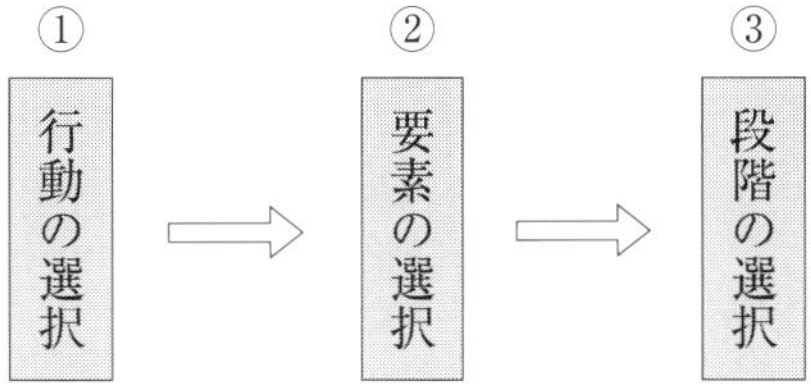

といえば、必ずしもそうとはいいきれません。実際に考課に当たっている方々の話しをうかがっても、①をとばして、②から③へと進めるとか、②から①へ、そして③へと進めている事実をかなり見受けます。また、考課者訓練の際に、〝ケース〟による考課演習でも、ケースをみてから、ものの一～二分経つか経たぬうちに、各考課要素ごとの評価をしてしまう人がいます。ケースそのものは、ごく短い経過事例としてまとめられているし、しかも演習ということもあり、比較的気軽に評価をされるからかも知れませんが、率直に申し上げて、一～二分程度では、観察したり分析する判断がはたらく余地などはほとんどなく、感覚的にとらえたり、好悪感情から考課していると言わざるをえません。

相対考課においてならいざ知らず、絶対考課では、ぜったいに避けなければならない主観やイメージによる考課というエラーを、知らず知らずのうちにおかしてしまっているのです。これでは、正しい判断に裏付けされた人事考課を期待するほうがムリだということになります。

〝まえがき〟で述べたことをもういち度繰り返しますが、人事考課は、そもそも初めに〝行動ありき〟で、〝行動〟のないところには人事考課は成り立ちません。人事考課の対象となる具体的行動の事実があってこそ、人事考課はその機能を発揮しはじめるのです。日常の部下の行動について観察を進め、上司の観察というレンズに、さまざまな部下の行動が映ったとしても、考課の対象となる行動がなければ、すなわち、レンズをとおして何も見えなかったり、また見えたとしてもその行動が考課の対象とならないものであれば、人事考課という機能をはたらかせる余地はまったくないということを、心にしっかり止めておかなければなりません。

次に考課の対象となる具体的行動の事実をとらえて、はじめて次のステップ②として、その行動をどの考課要素でとらえていくか——につながっていくわけで、ステップ②において、その行動は情意のどの要素でとらえていくか、能力のどの要素でとらえていくかが、はっきり決定づけられます。

行動の選択の際に、特に考課者として気をつけなければならないのは、

○〝多分……だろう〟〝きっと……のはずだ〟といった、考課者の類推や想像でさらには先入観で部下の行動をとらえようとしてはならない。

○ある特定の考課要素（例えば、規律性、協調性など）に該当する行動はなかったかどうかの、要素別の行動探しから取り組んでいってはならない。

の二点にあります。

この点は行動選択上の二大留意点であってこれに留意しなければ、言葉が少々悪くて申し訳ないのですが、部下の行動をでっちあげたり、つくり変えてしまうことになります。そしてそれがいま述べた人事考課においてもっともおかしがちなイメージ考課や先入観考課、ハロー効果といったエラーにもつながることになるのです。

なお、行動を要素に結びつける際の心得としては、要素ごとの定義をしっかり把握、理解しておくことがポイントとなります。つまり、規律性とは何か、判断力とは何かといった要素の意味するところを、全社的に統一して理解されることが不可欠となります（この要素ごとの定義については、後ほど再び取り上げることになっています）。

そして、いよいよ行動と要素が結びついたならば、要素ごとに〝期待基準〟に対してどうであったかを検討し、基準をどうにか満たし、格別の支障がなければ「B」、支障があれば「C」と判断を下すことになるわけで、これがすなわち、③段階の選択のステップです。

このステップではすでに前述したように、一つには期待基準の設定と確認いかんが、もう一つは、職務遂行行動の観察いかんが、判断行動を正しく導いてくれる因となることを銘記しておくべきです。

以上が、人事考課における一連の判断行動ということですが、これによって、人事考課のベースとなるのは、〝行動そのものである〟ことが、いよいよ明白になったのではないかと思います。つまり、どの行動、どのような行動をもって考課の対象とするかしないかを決定づけ、分析していくことをもって、人事考課の要諦としなければならないということです。

演習①

以上、三つの判断行動とは何かについて概略述べたところで、次にいくつかの課題を設けてあります。これらについてみなさんに検討していただきたいと思います。各自めいめいが検討してくださっても、考課者どうし何人かが集まって検討してくださってもけっこうです。本書のこの後の構成からいうならば、むしろ後者の検討のしかたが適切かも知れません。部長さんにもご足労願って、課長、係長さん、主任、班長さんも含めて検討していただくのが、後々のためにいちばん良い方法ではないかと思います。

さてその課題ですが、一応五〇項目ほど職場でよく見かけるような職務遂行行動を取り上げました。その一つひとつについて、それをみなさんがたの部下の職務遂行行動に見立てて、それらをどの考課区分でとらえればよいかを検討していただこうというわけです。いわば、①行動の選択と②要素の選択の模擬演習です。この演習は、後ほどまた引き続いてやっていただく予定ですので、ここでは演習No.1ということになります。

記入方法については例示してありますが、一から五〇項目までの各行動（これを観察された行動と仮定します）について、その行動を成績考課でとらえるか。あるいは情意考課、能力考課のいずれでとらえるかを検討し判断を下してください。最初の検討では、下段の「考課要素」は未記入のままでけっこうです。

（では、早速始めてください。）

演習①　記入例

	観察された行動（事実）	考課区分			考課要素
		成績	情意	能力	
1	督促されるまで、自ら進んで報告することはなかった。	○	○		
2	終業時間を気にして、早めに帰り支度をしていた。		○		

	観察された行動（事実）	考課区分 成績	考課区分 情意	考課区分 能力	考課要素
3	指示に対する返事はよいが、実行しないことがたびたびあった。		○		
4	指示について要点の飲み込みが早かった。			○	
5	計画を立てても現実性に欠け、実現されないことが多かった。	○		○	
6	報告書に誤字、脱字が目立つ。				

	観察された行動（事実）	考課区分 成績	考課区分 情意	考課区分 能力	考課要素
1	督促されるまで、自ら進んで報告することはなかった。				
2	終業時間を気にして、早めに帰り支度をしていた。				
3	指示に対する返事はよいが、実行しないことがたびたびあった。				
4	指示について要点の飲み込みが早かった。				
5	計画を立てても現実性に欠け、実現されないことが多かった。				
6	報告書に誤字、脱字が目立つ。				
7	コストダウンに、積極的に取り組んでいた。				
8	受注に際して、規定以上の値引きが、他の販売員よりも目立った。				

9	電話の取り次ぎミスや聞き違いが多かった。				
10	だまって席を外すので連絡できないことがあった。				
11	今回のクレーム処理は実に手際よくやった。				
12	会議の席上で自分の意見をはっきり述べた。				
13	話し合いや根回しがうまい。				
14	同僚に積極的に情報提供している。				
15	自分に興味のある仕事には意欲的に取り組むが、興味のもてない仕事についてはなげやり的である。				
16	下級者から仕事上の相談をよく受けている。				
17	他部門からの問い合わせに、的を得た回答をしていた。				
18	自工程の作業段取りをとり仕切り、遅れを出すことがなかった。				
19	いつでも取り出せるよう、書類の整理整頓がよく行き届いている。				
20	設計変更により故障率を低減させた。				
21	飲み屋にかなり借金があるようだ（よく電話がかかってくる）。				
22	下級者に指示するときは要領よく行い、ポイントをしっかり教えていた。				

23	機械の構造のことはよく知っているが、うまく組み立てることができなかった。				
24	通信文や伝達文にふさわしい文章が正しく書け、用語の使用も適切である。				
25	取引先の評判はいいが、相手の言いなりになっている。				
26	仕事には関係ないが、英会話力は抜群である。				
27	難しい技術内容をわかりやすく説明するので、下級者の評判がよい。				
28	彼は危険物取扱者の資格をもっている。				
29	数字をうまく図表にまとめたり、グラフ化して、説得材料に活用するのがうまい。				
30	彼がまとめた企画書をみると、要望事項が織り込まれていなかった。				
31	図面は正確だったが、期限よりも二日遅れた。				
32	機械の故障に対し、速やかに原因の究明と処置をとることができる。				
33	急ぎの仕事をやらせるとミスや失敗をやる。				
34	検査データから問題点を把握するのがうまい。				
35	休んでいる同僚の分までカバーして、納期に間に合わせた。				
36	机の上をちらかしたまま帰ってしまった。				
37	手取り足取りしないと、仕事ができなかった。				

38	下級者からの報告書はただ目を通すたけで、一切ノーコメントである。				
39	普段よりも多い仕事をテキパキ処理していた。				
40	代理店用の技術解説書を関連部門の協力を得てとりまとめ、正式に採用されることになった。				
41	彼は陽気でみんなをよく笑わせる。				
42	ほとんどの計測器を使いこなし作成した。検査データにも信頼性がある。				
43	仕事のあい間をみて一生懸命に通信教育の勉強に励んでいる。				
44	何事も上司と相談してからでないと実行に移さない。				
45	いったん決めた計画はなかなか変えようとしない（融通がきかない）。				
46	事務能率を高めるためいろいろと工夫し、ついにファリングの改善をやってのけた。				
47	顧客の要望事項をよく取り違えることがある。				
48	今期、新製品の拡販につとめ、成績は一位（一五〇％）だった。				
49	昼休み時間に私用で出かけることが多い。				
50	見積提出件数の割には、成約率が低い。				

2 行動の選択

さて、一から五〇項目までの各行動はすべて考課の対象と考えましたか。中には果たしてこの行動を考課の対象に該当させていいのかどうか、判断に迷う行動はありませんでしたか。明らかにこの行動は、考課の対象としてはふさわしくないから対象から外すべきだとお考えになったものはありませんでしたか。

このように、たとえ数多くの行動が観察されたとしても、そのすべてを考課の対象として取り上げるか、あるいは、どの行動と、どの行動は対象とせずに外してしまうかを決める——これが行動の選択です。

課題のいくつかのうち、例えば、

26、仕事には関係ないが、英会話力は抜群である。

28、彼は危険物取扱者の資格を持っている。

41、彼は陽気でみんなをよく笑わせる。

49、昼休み時間に私用で出かけることが多い。

などの行動に対し、みなさんの会社や職場ではどう判断されましたか。

行動の選択という判断行動とは、〝その行動は考課の対象となるかならないか（対象とするかしないか）を取捨選択ないしはしぼりこみをする〟ことですが、それを決めるには、選択基準というか、一つの統一された見解、考え方というものがきめ手になります。例えば、先ほどの26、28、41、49のすべてを対象とするか、26は（あるいは49は）対象外とするといったことについて、全社的に統一された考え方や見解を明確にし、全考課者によって確認された内容が、この基準になります。

実際、前記四つの行動について検討を加えた場合、それぞれ論議をよぶところでしょうし、一日がかりで検討してみたところで結論がえられそうもない、ということもあるでしょう。それでも、ある程度のところで折り合いをつけ、一つの共通または統一された考え方に立って、各考課者がそれぞれ行動の取捨選択に当たることこそが肝要なのです。要するにある考課者は49の行動を考課の対象とした、しかし他の考課者は対象としなかったでは困るのです。

そこで、そのようなバラツキがないよう、各考課者間で入念な意見の調整を行い、確認し合っておくことが必要です。さしあたり、考課者訓練は、その調整と統一の場としては最適ということになるでしょう。

それと、各考課者が互いに行動の選択を齟齬《そご》なく行うには、あとで紹介する〝行動の選択を適正に行うための行動の着眼点化と、その着眼点に基づいた行動の観察と分析をする方法〟が考えられます。これは、あらかじめ考課の対象となる職務遂行行動を、行動選択の着眼点としてリストアップし、とりまとめ、行動選択基準として活用するというやり方です。さらに、考課の対象となる行動としてリストアップされたものを、次に説明する考課要素ごとに事前に分類して、とりまとめるようにすれば、なお好都合ということになるでしょう。

このような行動選択の着眼点は、全社共通のものもあるし、その部門や職場特有のものも考えられるところから、全社共通のものについては、考課者訓練などの場においてリストアップし、全員で確認し合うようにし、部門特有のものについては部門や職場ごとにとりまとめ、考課者訓練や会議などの場で確認し合うようにすればよいと思います。

絶対考課における成績考課や能力考課の手がかりは、すべて部下の職場での行動の中にあるのです。その行動とは、彼らの仕事のできばえであり、仕事ぶりにほかなりません。

そのような行動について、課業（ひとつひとつの仕事）ごとに詳細に検討し、明らかに行動としてとらえられたとなると、その行動こそ、期待像の中に付け加えられてしかるべきものということにもなるでしょう。このように行動を明らかにすることは、期待像（基準）をより明確化し、具体化し、誰がみても、ハッキリ目に見える内容のものへと、充実していくことにもつながります。

ちなみに、演習課題とした五〇項目の行動は、それ自体が行動の着眼点化を示唆するものといえましょう。演習課題として取り上げたような行動の類型が、部門を越えて全社的共通的なものとして、併せて部門特有なものとして集積されれば、またとない行動選択基準となるのではないかと考えます。

なお、具体的にどのように行動の着眼点化を進めるかについては、さらに次章で検討することにしたいと思います。

それともうひとつ、行動の選択と関連して、人事考課はオールマイティーではないことを心得ておく必要があります。図表2をみてください。

人の能力のカテゴリーは、Ⓐ、Ⓑ、Ⓒ、Ⓓの四つでとらえることができます。つまり、この四つの領域について把握することが、人間のもつ可能性をすべて明らかにすることになるわけです。

図表２　「人」の能力のカテゴリー

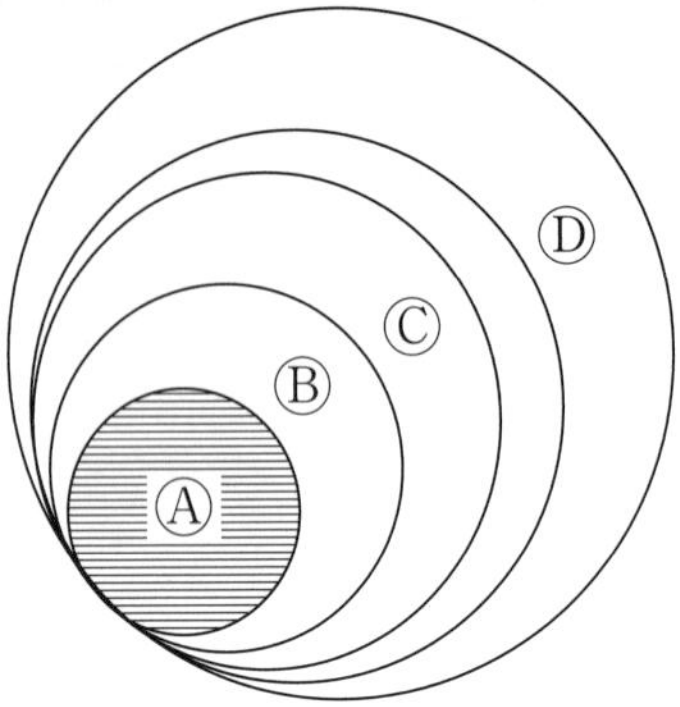

Ⓐ――日常の仕事の遂行を通して発揮された能力。

Ⓑ――企業の一員として何ができるかといった能力で、保有する職務遂行能力の全般。

Ⓒ――“人”として何ができるかといった保有する全人格的な能力。

Ⓓ――将来何ができるかといった素質・性格を含む全人的能力。

さて、人事考課によって、この四つの領域のいずれがとらえられるものであるか。――原則的にはⒶの領域についてのみです。もちろん部下の行動の観察、分析をつうじて、Ⓐ以外の領域をかいま見ることもできますが、人事考課が職務を媒体として能力をみていく以上、Ⓐの領域についての把握のみが可能と考えるのが、正しい考え方といわなければなりません。これでおわかりのように、人事考課はオールマイティーではないのです。人事考課で能力のすべてを見きわめようとすることには無理があります。

われわれが、取り上げようとする人事考課は、このようにおのずから限界があり、その限界について十分理解しておくことが、人事考課を実施していくうえで、特に行動の選択において大切です。そうでないと人事考課に過度の期待をもつというあやまりをおかすことになるからです。

それでは他の領域については、いかなる方法で把握していくか、ということでありますが、その一つの方法として、適性検査であるとか、筆記試験、あるいは面接考査など、さらには、ジョブ・ローテーション、自己申告など、多面的に評価を行うことが考えられます。また、コンピテンシー評価やアセスメントなども、その一つです。

人の能力を把握し、そして有効に活かすには、人事考課を含めて、多面的に評価を行うべきであるこ

とを、心にとめておいてください。

3 行動の選択と考課期間

人事考課に関する規程類や考課表の中に、〝考課期間自○年○月〜至○年○月〟とか、〝○年○月から○年○月の期間について考課してください〟といった記述がありますが、これは大変重要な事項です。この期間がもつ意味についても正しく理解しておくことが求められます。

① 成績、情意考課の場合

成績と情意については、当該期間内における成績や情意がどうであったかについて、そのパフォーマンスをありのまま分析、評価することが求められるべきであって、その期間終了とともに、精算するという考え方に立つことが必要です。つまりその期間が終われば、いったん白紙の状態にもどし、次の期間は、次の職務基準や就業上、服務上のルール等にのっとって評価していくべきです。特に成績にあっては、当該期間は一精算期間にしかすぎません。つまりその期間内における成績はどうであったかを問わなければならないのです。

これも重要な行動の選択上のルールの一つであり、このルールをおろそかにすると、ある部下が一度大きな失敗をすると、そのことがその会社にいる限りついてまわり、その後その部下がいくら頑張ってみても、失地挽回することができなくなってしまいます。仮にもし部下が前期に大きなダメージを会社に与えた場合、最低の評価をされることによって、前期でそれはあがなわれたわけですから、それはきれいさっぱりと、その時点で水に流すべきです。そうしないと、部下は努力することをあきらめてしまうでしょう。

多少適切を欠くいい方かもしれませんが、ひと夏の経験をいつまでもじくじく言わないということです。精算は敗者復活戦と同じことです。一度つまずけば二度と起き上がれなくし、あたら人材を失ったり、埋もれさせてしまっては、なんにもなりません。部下は失敗や過ちが精算されることによって、努力する気を起こすことを肝に銘じておくべきです。

② 能力考課の場合

能力のレベルアップは比較的長期を要し、短期間では日にみえて伸長がうかがえるものではないのが普通です。いうなれば二年がかり、三年がかりで変化（高まり）がようやく認められるといった傾向を示します。

そこで能力考課については、連続性の中で分析、把握していく必要があるわけです。これが成績考課との性格上の大きな違いです。

そこで能力考課は、一定期間が経過し、その期間が終了する時点での、到達度や充足度を連続性をもってみていくものとしなければなりません。

4 要素の選択

人事考課の対象となるべき行動が把握されたならば、次はその行動をどの考課要素で評価していくかを判断するところとなります。これが要素の選択です。

さきほどの演習では、考課区分三つのいずれかにマークをしていただいたわけですが、これがいわば要素の選択をさすわけです。つまり要素の選択とは、考課の対象として取り上げた行動を成績でとらえるか、能力でとらえるか、情意でとらえるか、さらにもう一歩つき進んで、成績のどの要素、能力の、情意のいずれの要素でとらえるかの判断行動ということになります。

要素の選択に当たっては、まず要素の定義についての理解が先決です。そこでとりあえず、考課要素にはどのようなものがあるかを書き出してみましょう。

(1)　考課要素とは

考課要素（考課項目ともいう）とは、成績、能力、情意をとらえていくうえでの指標となるものです。それはまた成績、能力、情意をとらえていく際の明細区分でもあります。

それらのごく一般的なものを一通り例示しますと、まず考課区分（考課の種類または〝島〟ともいう）としては、次の三区分に分けられます。

・成績
・能力
・情意

成績考課とは、あらかじめ上司と部下との間で、話し合い（目標面接）を通じて確認し合った職務基準をモノサシとして、課業ごとの遂行度（達成度）をみていくもので、職務基準（期待目標）に対してどうであったか、やったかやらなかったかを問うものです。

また能力考課とは、職能要件書（その位置づけにある者として具備しなければならない能力の具体的中味をとりまとめたもの）をモノサシとして、各人の能力の充足度、到達度を調べることであり、情意考課は、組織人、企業人としての態度や心がまえについて問うもので、それは職務基準を遂行する際のマインド（自覚）に他なりません。

情意考課の基準については、その企業の経営理念、経営方針、社是社訓、職場慣行、その他組織の一員として遵守しなければならない諸規則、ルールや心構えなどがこれに該当します。

このように、各人に期待し求められるものが違えば、それに応じたモノサシによって評価をしていくところに絶対考課の特質があるわけです。

○成績考課は、職務基準をモノサシとして、課業ごとの遂行度、達成度をみる。

○能力考課は、職能要件書（等級基準）をモノサシとして、能力の充実度、到達度をみる。

○情意考課は、その組織の一員として遵守すべき事項をモノサシとして、組織人としてのあり方（努力の程度）を問う。

ことを、考課者として理解しておくことが大切です。

この考課区分は、どちらかといえば、大枠で区分したものであるので、各区分ごとにさらに考課要素として細分化し、成績、能力、情意のそれぞれについて、より分析的に把握し、効果的な人材育成ができるように構成します。その細分化されたものを通常「考課要素」と呼び、それをもって考課を行う単位とします。

各考課区分ごとの要素を例示しますと、

①　成績考課の要素の場合

成績考課
- 仕事の質
- 仕事の量
- 仕事の成果
- 指導、育成、監督
- 管理、統率、調整
- 課題、重点目標達成
- 業務改善
- 合理化推進

などの要素が考えられます。

すでに触れたように成績考課は、課業別にその遂行度をみるということですから、各人が分担する課業のレベルや性質などによって、とらえ方もかなり違ったものとなります。

例えば、ジュニアクラスの人たちが手がけるような日常的な補助、定型業務などは、質

（できばえ）と、量（こなした数）両面での把握も可能ですが、これがシニアクラスが行う非定型的な業務や管理、企画業務になりますと、どこまでを質でとらえ、量でとらえるか、判然としない場合がでてきます。

一般に課業の難易度が高まれば高まるほど、その傾向は強くなるはずで、そのような課業に対しては、質と量を区分して問うことは現実的でないということになります。そこで質×量＝成果として問うことが妥当とされます。また、ジュニアクラスという位置づけには期待されなくても、これがシニアクラスという位置づけになると、指導的な立場で期待し求められる課業もでてきます。その他成績を考慮するに当たって、その企業なりの考え方、政策的なものも加味されることは当然で、それらすべてをふまえて、部門（職種）別、クラス別に、要素の決定がなされるのです。

この考え方は、能力、情意考課の要素決定にも相通ずるところがあります。

②　能力考課の要素の場合

能力考課の考課要素については、中分類として、修得能力（基本的能力）と習熟能力に分けてとらえます。基本的能力とは、その位置づけにあるものとして、身につけなければならない知識、技能、技術の中味であり、原則的には、職能要件書の修得要件がこれに対

- 能力考課
  - 基本的能力
    - 知識
    - 技能（術）
  - 精神的習熟能力
    - 課題、問題対応能力
    - 対人対応能力

応するものです。習熟能力とは、経験の積み重ねによって習熟が図られる精神的な熟練のことで、企業や企業を取り巻く課題や、内在する問題に対応する課題対応能力と、まわりの人たちとの依存、協力関係を維持していくことのできる対人対応能力に分類されます。

この習熟能力については、職能要件書の習熟要件として表示されたものがこれに該当することになるわけですが、実際には、習熟要件は課業とできる度合で表示されています。習熟要件は、たしかに習熟すべき能力の内容や程度として要素別に記述すべきところではありますが、これは記述上の問題として習熟すべき内容を具体的に書き出すことはなかなか困難で、よしんば書き出したとしても、抽象的な表現はさけられないところから、具体的な仕事の課業レベルで書き出し、その課業が、どの程度こなせるだけの精神的習熟を要

図表3　習熟度の深まり基準

内容／遂行レベル	上司からの指導や援助は必要か	下級者に指導ができるか	状況変化への対応ができるか	最終実施責任は
完全にできる	全く必要ない	十分に指導できる	十分に対応できる	最終実施責任を負う
独力でできる	全く必要ない	部分的には指導できる	指導を受けないと対応できない	部分的な実施責任を負う
援助を受ければできる	時には援助を必要とする	指導できない	全く対応できず上司に伝えて指示を仰ぐ	ごく部分的な実施責任を負う

するかの課業表示法をとっているわけです。つまり、××××の判断力や企画力その他の習熟を要する——といった記述をとらずに、具体的に課業名そのものを書き出し、それによって、その課業の習熟区分でこなせるだけの判断力や企画力を要する旨の表示をとっているということですので、職能要件書の習熟要件は、そのような見方、解釈に立たなければなりません。習熟区分は課業ごとにその習熟度合いの浅い、深いの違いによって、「援」—援助すればできる、「独」—独力でできる、「完」—完全にできる—のレベルで表示します。なお、「援」「独」「完」の違いは一般的には図表3のとおりです。そこで、能力考課を実施するに

当たっては、前もって判断力や企画力とは何か（定義）について明らかにし、その内容を理解、把握しておくことが重要となります。

さて、このような習熟能力は、さらに、次のような要素に細分化されます。

習熟能力のうち、課題、問題対応能力については、

（課題、問題対応能力）
- 理解力――判断力――決断力
- 創意工夫力――企画力――開発力

という要素の構成になりますが、理解力―判断力―決断力については、課題、問題解決のための前段能力であり、情報の収集―取捨選択能力であります。識別したり、優先順位を考えたり方向性を定めることのできる能力でもあります。

なお、理解力―判断力―決断力として分けたのは、ジュニアクラス、シニアクラス、マネジメントクラスでは、情報収集―取捨選択のレベルが相異なるところから、位置づけにふさわしい表現で便宜的に分け、それによって、いわゆる熟練（経験）の違いを表わすようにしたまでのことです。これら三つの能力は、課題、問題解決のための前段能力である点では、共通し、本質的にも同じてす。

次に、創意工夫力―企画力―開発力ですが、これらは課題、問題解決のための後段能力であり、取捨選択した情報の具体的構築、具現化能力であり、その実行も含めた能力であります。これら課題、問題解決のための後段能力も、前段能力と同じような考え方に立って三つに分けてとらえます。

次に、対人対応能力は、

（対人対応能力）
- 表現力―折衝力―渉外力
- 指導監督力―管理統率力

という要素の構成となります。表現力―折衝力―渉外力は、いわゆるコミュニケーションスキルの系譜であり、これも課題、問題対応能力の場合同様、職能レベルに応じて、三つに分けて表示します。指導監督力―管理統率力はマネジメントスキルとして、シニアクラス、マネジメントクラスの位置づけにあるものにそれぞれ求められるものということになります。なお、これら習熟能力は、判断力をベースとして高まっていきます。

以上、能力考課の考課要素について一とおり述べましたが、能力考課は、これら要素別に能力をとらえることによって、各人の能力の程度を分析把握していくことになりますが、

指導力	折衝力		企画力
判断力			

一般に人間の能力といえば、すでに述べた、基本的能力、習熟能力のほかにも、素質や、体力、そして意欲などの態度能力といわれるものが考えられるところですが、これらについては能力考課の対象から外します。とりわけ、体力と素質については、能力考課の要素には含めないのが適切だと考えます。それは、能力考課が、わが社の○○等級にふさわしいだけの能力、すなわち職務遂行能力（職能）をどの程度具備しているかを見ることに第一のねらいをおいており、各人の素質をみることに、焦点をおいていないからです。人事考課では、その人のもつ素質（潜在的可能性）までは、はっきりととらえきることはできないからです（これについては、拙著「上司のための人を活かす人事考課ハンドブック」参照）。

さらに体力についてですか、それについて、何をもって体力とするか、その見きわめもなかなか難しい問題です。体力とは、単純に考えれば、腕力とか、持久力といったものがあげられますが、この体力においては、その人のやる気といった態度などによっても、かなり左右されるところがあります。すなわち、その人の体力と考えられるものが多少劣っていたとしても、やる気まんまんであれば、職務遂行上問題にはならないということもあるわけで、どの程度体力があれば、その仕事をやりこなせるかの見きわめが、なかなかできない場合がかなり多いということがあります。

また実際問題として、わが社の○○等級のものとして、いかほどの体力があればつとまるかを判断するとしても、方法論的に具体的に示す適切な方法が見当たらないということも、理由の一つにあげられると思います。これは、素質の場合においてもしかりです。わが社の○○等級にふさわしい素質とはを問うてみたとしても、その答えを発見することは至難といえるのではないでしょうか。したがって、体力、素質については、等級別にそれをハッキリ示しえないもの、等級基準としてとらえないもの、と考えるのが妥当ということになり、それゆえ、能力考課（要素別分析）からは除外します。

とはいえ、体力も素質も、さらに意欲といった態度能力も、人の能力の全容をなすものであることは事実です。そこでこれらを含めての総合判断をしなければ、その人のもつ能力を正しく評価することができないのは当然としなければなりませんが、分析的能力考課ではとてもそこまでは手がまわりません。能力考課は、与えた仕事の範囲でしか把握しきれない。そこに人事考課における能力考課の限界があるのです。したがって素質などについては、能力考課以外の、例えば、適性検査、ジョブ・ローテーションといった方法などでみていくことも必要とされます。

人材の評価は、このようにして、多面的にしかもある程度時間をかけてじっくりみていかないかぎり、その全貌をとらえることはできません。能力考課はいわばその把握のための一端にすぎません。この観点に立って、考課要素を構成し、考課に当たることが臨まれる次第です。以上が要素別に行う分析的能力考課の考え方、進め方についてでありますが、前述したように「総合能力考課」として行われる場合においては、このかぎりではなく、体力や素質なども含めた、総合判断としなければなりません。

〔総合能力考課と要素別能力考課の違い〕

③　情意考課の要素の場合

情意とは、組織の一員としての態度や心構えのことです。一般にその組織の一員に期待し求められる態度や心構えについては、経営理念、経営方針、社是社訓などに示されているほか、職場規律や慣行として表わされていることもあります。それらを基準として、各人の組織人としての自覚度を調べる——これが情意考課です。

情意考課はいうなれば、その企業における組織人、企業人としてのマインドをみるわけですから、その企業の伝統や風土、ものの考え方などが反映される色合いが濃く、その点で特徴的であるといえます。一般には、次の要素で構成すればよいかと考えます。

情意考課
- 規律性
- 協調性
- 積極性
- 責任性
- 企業意識
- 原価意識

規律性とは、その組織の一員として遵守しなければならない服務ルールが守れたかどうかを問うものであり、協調性は、チームプレーのあり方、積極性は、改善や自己啓発に取り組む姿勢、そして、責任性は、与えられた職務に臨む態度がどうであるかをみるものであり、おおよそは、この四つの要素で、その人の組織人としてのあり方を問うには十分、と考えますが、これら以外にも、企業意識、原価意識といった、その企業として、特に重視したい情意的側面、その位置づけ、部門（職種）にあるものに、強く期待したいものなどが要素として取り上げられます。

ただし情意的側面は、それが各人の態度、心構えなどを対象とするだけに、要素の意味、内容が抽象的すぎて解釈に迷うということもあるようです。つまり、何が責任性で、何が積極性なのか、釈然と理解されていなかったりすることが多く見受けられます。また、どの要素を重要視するかという点についても、検討を加えておく必要もあります。

例えば、ジュニアクラスにおいては、やはり組織の一員としてルールの守れる人になってもらいたいという期待が強ければ、規律性を重視する。しかし、これがシニアクラス、マネジメントクラスになれば、規律性よりも積極性を重要視するなどの考え方も必要です。現実には、入社早々の新人と、マネジメントクラスの人の規律性を同じレベルで問うことには問題があると思います。これは、他の情意面についても同様です。職務基準や職能要件は、クラス別に整理して基準化したり、目標面接の場で基準として、設定されているので、その内容の確認がやりやすいということがいえますが、情意に関しては、クラス別に分けにくい面があるだけにやっかいです。それをどう収拾するか、その一つは、次に申し述べる要素の定義についてしっかり理解することです。もう一つは、次章で取り上げる「行動の着眼点」を、クラス別に整理し、とりまとめることです。そうすることによって、情意考課における絶対基準の明確化は達せられると考えます。

また、前記着眼点化と併せて、情意考課を行う際に、事前に全社、または部門単位に行動指針を明示しての「短文チェック法（プロブスト法）」を採り入れて考課を行うようにすれば、情意考課における絶対考課の確立は、さらに確実になります。

(2) 要素の定義について

さて、前項のように分類された要素に行動を結びつけていくには、各要素ごとの定義（内容、意味）について十分に理解し、各定義内容をふまえて行動と結びつけるべきです。この定義なるものがしっかり把握されていませんと、責任性でとらえるべきところを、積極性でとらえるというミスをおかしてしまいます。

この定義についても、次に例示をしておきますが、定義は、あくまでもその企業における最大公約数的な考え方としてとりまとめられているのが実態であり、定められた定義については、考課者全員が遵守してしかるべきです。そこに〝オレの考え方は、他の人とはちょっと違うぞ〃といったものが入りこんでしまったのでは、絶対考課は崩れ、主観やイメージによる考課へと逆戻りしてしまいます。絶対考課は、「社員をこのような観点に立って考課して下さい」といった約束ごとです。

絶対考課においては、考課者一人ひとりが、決められた考課上のルールに従うことが求められるわけで、ルールが互いに守れないところでは、絶対考課の確立は望み得ません。定義に従って要素を選択することこそ、考課に臨む考課者としての基本的心構えということになるでしょう。

要素別定義（例）

区分	考課要素	定　義
意	規　律　性	日常の服務規律の遵守の度合い
	協　調　性	チームの一員としての他人の守備範囲に対する行動の度合い
	積　極　性	改善提案、継続的なチャレンジ、自己啓発など今以上といった意欲、姿勢の度合い

区分	要素	内容
情	責任性	自分に与えられた守備範囲に対する姿勢
	企業意識	幹部としての自覚、経営者的視野に立っての行動の度合い
	原価意識	コストに対する関心を常に示し、ムダ、ムラ、ムリの排除に取り組む姿勢の度合い
成績	仕事の質	仕事の仕上り程度、結果の質的できばえ
	仕事の量	仕事を遂行した結果の度合い、量的な充足度
	仕事の成果	与えられた仕事の成果、効果
	指導、育成	下位職者の知識、技能の向上、動機づけ、意欲向上の成果
	統率、調整	他部門との意見調整を図り、組織の効果的運営に貢献した度合い
	課題（重点目標）達成度	部門目標（成果）の達成度
基本的能力	知識	当人が格付けされている等級に期待し求められている知識——修得せねばならない内容
	技能	当人が格付けされている等級に期待し求められる技能（共通、関連、専門、特定技能を含む）、仕事の手なみ、腕前、技量
	理解力	仕事の状況や状態を的確に把握する能力、指示内容や意味、意図を正しくとらえることのできる能力
	判断力	情報の取捨選択能力、情報を比較したり、識別、評価、総合化したり、状況、

区分	能力	内容
課題（問題）対応能力		条件に適合した仕事の手段、方法を決めたり、変化への適切な対応措置ができる能力
	決断力	部門目標を達成するため、あるいは特命を受けて、数ある代替案の中から有効なものを選び、決定実行する能力
	創意、工夫力	担当する仕事の方法、手段等について、自ら改善しうる能力
	企画力	職務を遂行するため、その方法、手段を効果的にとりまとめ、展開しうる能力、および創造的アイデアを現実的、かつ具体的にまとめ上げられる能力
	開発力	将来の予測、見通しに立ち、担当する分野における、全く新しい方法を創案し、具現化に向けて展開しうる能力
対人対応能力	表現力	口頭または文書により、伝達しようとする意思、目的や、報告すべき事項を的確に表現しうる能力
	折衝力	仕事を進めるうえで、他人と折衝し、自分の意図、考えを相手に伝え、理解、納得させる能力
	渉外力	組織を代表して社外の人と接し、協力、理解をとりつけられる能力
	指導、監督力	下位者に業務上必要な知識、技能を向上させるため、適切な指導をし、仕事上の指示ができる能力
	管理、統率力	下位者の信頼を得て、組織全体を協力的な関係にとりまとめ、目標達成に向けて、下位者のもてる力を最大限に引き出せる能力

演習②

さて、ここでもう一度、さきほどの課題に戻り、いま一度各行動について、どの区分、どの要素でとらえるかを再検討し、下段「考課要素」の欄に要素を書きこんでみてください。当初記入したものが、定義その他を参考にして適切でないと思えば訂正してください。また、本書の「要素別定義（例）」に該当する「自社定義」がある場合には、もちろんそれに準じてもかまいません。

(3) 要素選択上のルール

要素の選択に当たって留意すべきことは、選択上のルール、すなわち約束事があるということです。その約束事とは、考課時に考課者がおかすエラーを防止するために設けられたものです。このルールについても念のため、原則的なものを書き出しておきましたので参考としてください。

要素選択上のルール1

○一つの行動は、一つの要素でとらえる。

考課の対象となる行動をある要素に結びつけたならば、その行動は消去しなければならないというきまりです。ある一つの行動を複数またはそれ以上の要素に結びつけると、す

図表４

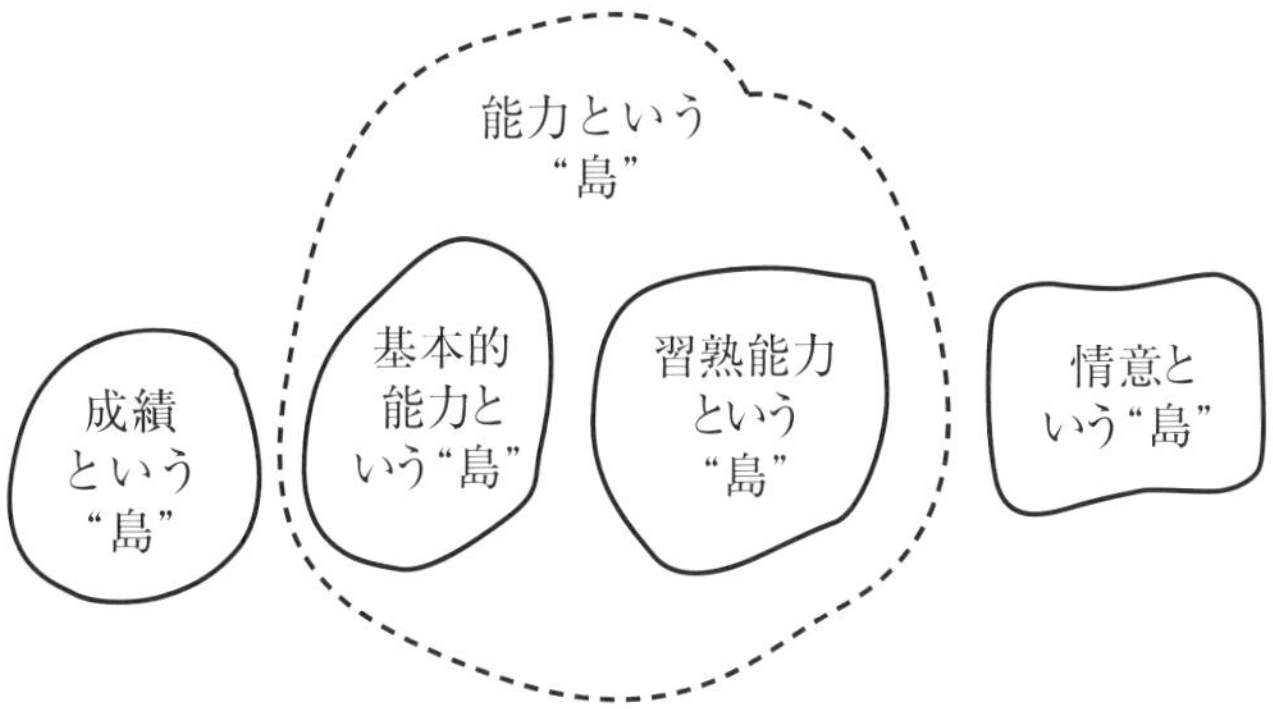

注：文中では，成績，能力，情意という３つの“島”で表示しましたが，
能力は上図のように，さらに２つに分けて構成するのが適切です。

べての要素の評価が良くなってしまいます。またその逆もあるということです。

ある一つの行動によって何もかも良くなる、悪くなるという過大、過小評価につながっていくということで、このような事態を称して〝ハロー効果〟といい、人事考課実施上のもっとも初歩的で、もっとも陥りやすいエラーの一つとされています。ある一つの行動を一つの要素に結びつけたならば、その行動は考課の対象外とし、惜しむことなく、捨ててしまうことです。

要素選択上のルール２

○ただし〝島〟が違えば、一つの行動を二つ以上の要素に結びつけてもかまわない。

前項のルールは、同じ〝島〟の中では、その適用を受けるということで、〝島〟が違えば、二つ以上の要素に結びつけてもかまわないということを指しています。

図表4でみるように〝島〟とは、考課区分のことです。すなわち、人事考課は、情意という〝島〟、成績という〝島〟、能力という〝島〟の大別して三つの〝島〟から成り立っているというわけです。そしてその〝島〟が違うということを前提として、一つの行動を各〝島〟のどれか一つの要素に結びつけることはかまわない——というのが二番目のルールです。ということは、ある一つの行動を取り上げて、「協調性（情意という〝島〟）もある」、「知識（基本的能力という〝島〟）もある」、さらに「指導、監督（成績という〝島〟）もよいというように」に結びつけることが認められるということです。もちろんその場合においても、行動を結びつけるのに妥当な要素があってのことで、なにがなんでも結びつけなければならないということではありません。

要素選択上のルール3

○要素選択で迷ったら、関連の深い一つの要素に結びつける。

例えば、指導力は判断力の上に成り立つものです。したがって、どちらに結びつけてもおかしくないほどに関連があります。ここで重要なことは、決して二つの要素に結びつけてはならないということです。迷ったとしても、その時の選択としてどちらか一つに結びつけ、その後の考課者訓練の場などで、考課者同士で検討のうえ、調整統一することが望まれます。

5　段階の選択

段階の選択は、人事考課のしめくくりに当たり、成績、能力、情意の各要素ごとにどうであったか、期待し求める基準に対して上まわったか、期待どおりであったか、下まわったかを判断し、AかBか、あるいはCかを決定するプロセスです。

一般に段階の選択をどのように決定づけるかについては、あらかじめ各企業において規程化されていることが多いので、それに従って決定づければいいということになるわけですが、その際心すべきことは、段階の選択は単なる採点ではないということであって、それはあくまでも、基準に対してどうであったかの『質』を問うものとしなければならないということです。どのようなかたちで質を問うのか、それは二段階の○（＋）か×（－）かで問う場合、三段階（A、B、Cなど）で問う場合、さらには五段階などで問う場合などさまざまです。

が、ここで一つのキーというか、段階選択上のポイントになるものがあります。それは、基準「B（±0）」に対する考え方です。ここでいう基準「B」とは、当初確認され、設定された等級基準や職務基準すなわち「期待目標であるバーレベル＝B」をどうにかクリアーした段階をさすものであり、多少そのバーにふれてバーが揺れたとしても落とさなければ「B（±0）」評価とする考え方です。とにかくその仕事をやった結果について、支障がなければ「B」とする――これが基準「B」に対する考え方なのです（図表5参照）。

しからば、「バー」を余裕をもってゆうゆうと飛んだ場合はどうなるか――そのときは、申し分ない「A（＋）」と評価されるべきです。さらに余裕をもって飛ぶどころか、上位等級の基準までクリアーできるということになれば「S（A＋1）」で評価します。人事考課における「S」評価は、上位等級すなわち、チャレンジの時の「A」をさします。〝彼はがんばったから「A」〟〝非常によくがんばったから「S」〟では困るのです。彼がどのようにがんばろうが、当初に確認した基準に対してどうにかクリアーした状態で終われば、「B」申し分なければ「A」とすべきで、ここに絶対考課の本質があるわけです。

ともかく、段階の選択においては、まず基準「B」に対する考え方を、各考課者がしっかりもつことが肝腎で、この基準「B」に対する考え方が確立されてこそ、「A」、「S」

図表5

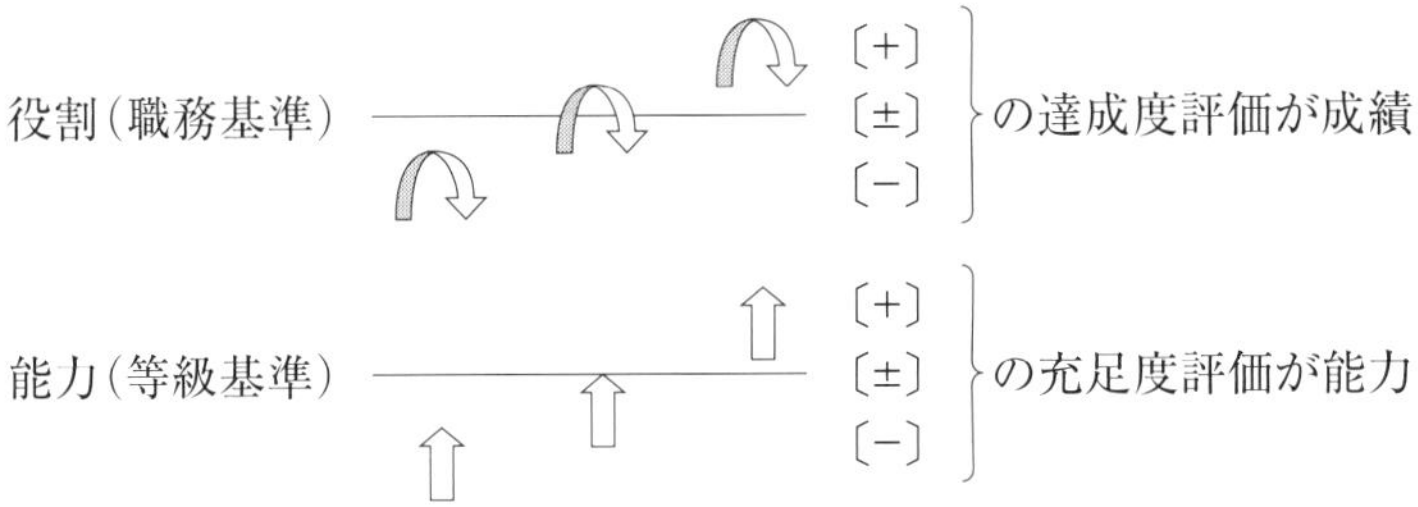

等級基準を
　Ⓐ上回っている
　Ⓑ満たしている
　　（到達している）
　Ⓒ満たしていない
　　（到達してない）
をみるのが能力考課

職務基準に対して、
　Ⓐゆうゆう跳んだ
　Ⓑとにかく跳んだ
　　（バーを落とさなかった）
　Ⓒ跳べなかった
　　（バーを落とした）
をみるのが成績考課

図表6　S、A、B、C、D段階の尺度

（段階）	（評語）	（状況）
S	……上位等級としても申し分ない……（上位等級でもA）	5年生が6年生のテストで満点をとった “ジュニアクラスが、シニアクラスでもなかなかまとめられないような企画書を作った“
A	……申し分ない、余裕をもって基準を達した（基準―バーをゆうゆう飛んだ）	……5年生のテストで平均点を大きく上回った “5時までにやることになっていた仕事を3時頃までにやってしまった“
B	……基準―バーをいちおうクリアーした（基準―バーにふれたが落とさなかった。多少問題があったが、とにかく飛んだ）	……合格点スレスレだったがとにかくテストに合格した “5時までにやる仕事を10分ほどオーバーしたが、やってのけた。支障はなかった“
C	……基準―バーをクリアーすることができなかった（バーを落としてしまった）	……テストに合格しなかった “3時までにやることになっていた仕事を時間内にできず、後工程に手待時間を発生させた“
D	……基準―バーを落としたのみかバーまで折ってしまった（ダメージを与えた）	……テストに不合格になったばかりでなく落第してしまった “今日中に仕上げる仕事ができなかったため翌日の納品ができなくなった“

の正しい判断がなされるということになります。また、「バー」を落としてしまった、仕事上のミスや未達成がかなりあった場合は「C（－）＝しくじった」、さらに落としたばかりでなく、バーを折ってしまって企業に損害を与えてしまった場合は「D＝ダメージ」という、段階選択上の一貫性が打ち立てられることになるのです（図表6参照）。

このように基準「B」に対する考え方がはっきり確認されれば、情意考課のあり方はよりスッキリしたものとなるのではないでしょうか。とくにその規律性や責任性において、〝彼はよく規律を守ったから「A」〟、〝責任感が人一倍強いから「S」〟などという評価に、お目にかかることもなくなるように思います。

ルールを守ることが当たり前ならば、ルールを守って「規律性B」、自分の仕事を完全にやりこなすことが期待されているのであれば、それをなんとかやりこなして「責任性B」と評価されてしかるべきだということになります。したがって情意考課においては「S」評価はなく、とくに規律性においては「A」評価も考えられないということになるのです。

6 成績考課と能力考課

以上、人事考課における三つの判断行動について考えましたが、次に三つの判断行動に関連づけながら、成績、能力考課の異同、関連性についてみることにいたします。

(1) 成績考課と能力考課の分離

成績考課、能力考課は、前者が職務基準を、後者が職能要件（等級基準）を基準とする絶対考課である点においては相通ずるものがありますが、成績考課における判断行動は、どちらかといえば、やったかやらなかったかをみる結果の判定的判断であるのに対し、能力考課は、より分析的で複雑な判断を伴う点で特徴的といえるでしょう。職能要件に照らして各人の能力の高まりを評価するにしても、何を手がかりにして、各人の能力をとらえていけばいいのか、多くの考課者が手を焼くのも、実はここのところにあるように思います。

ともかく成績については、その結果を直ちにとらえることはできますが、能力面における変化というか、その習熟や修得の度合いについてはゆるやかな場合が多く、どれほど向

図表7

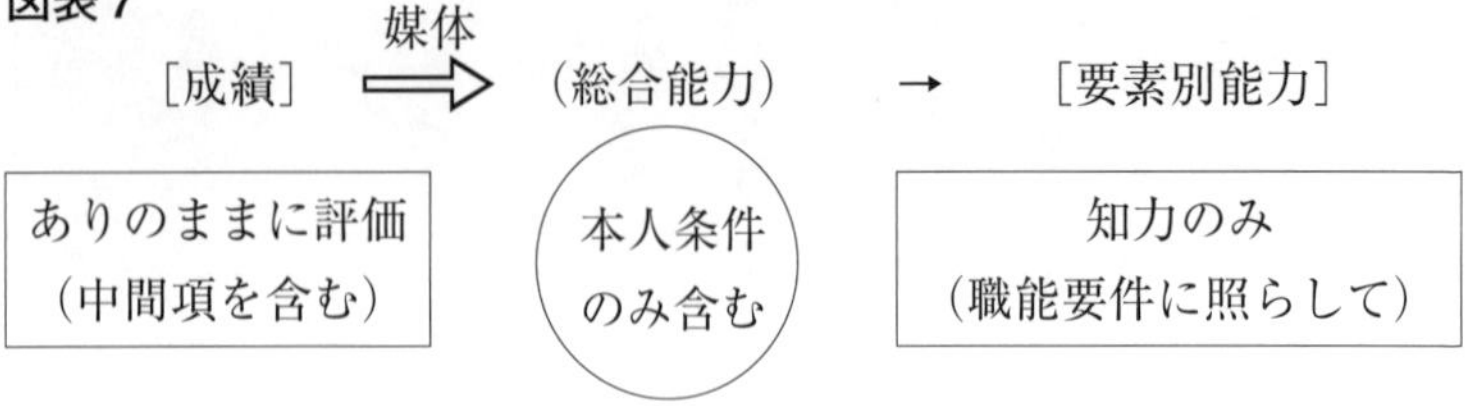

上したか顕著に現れないのが通常です。成績考課は、そのつど行うことが可能ですが、能力考課は、かなり長期にわたってその変化や向上を分析しながら判断を下すことが求められます。われわれ考課者は、このことについても十分に心得ておかなければなりません。

(2) 能力考課のポイント

能力考課は長い目でみることと併せて、能力考課における分析行動を、的確に行うための手がかりについても、いくつか整理しておくと、より効果的な能力考課への接近ができるということになります。

より効果的な能力考課への接近法としては（図表7参照）、

○その一――成績考課を手がかりにして能力を把握する。

われわれは、能力ということを口にはしても、とらえようがないというか、能力そのものを直接自分の目で確かめることはできません。媒介するものを通し、その事象の中でとらえていくしかないように思います。

さて、その場合の媒介するものはなにか、それが、各人の分担する仕事であり、個々の職務（分担する課業）の遂行度、達成度だということ、すなわち成績ということになります。ともかく成績がよければ、その仕事を遂行するうえで必要な能力は一応備わっているという判断にまず立つわけです。

分担する仕事のうちのいずれかが期待を下まわった場合には、能力的にみて、その仕事を遂行するうえで必要とされる能力の一部、またはすべての修得・習熟がなされていないとみるべきで、その仕事が期待する能力を下まわった要因をつきとめます。未達成、未遂行の要因の中には、もちろん当人の能力不足に起因する側面もあれば、そうでない側面もあるので、それぞれを明確に区分し、分析的に把握することが望まれます。

もう一度確認しますと、一応原則的に、その者の等級レベルにふさわしい職務基準（課業）をやりこなしたならば、成績はＯＫ——能力も等級相応のものが備わっているとみなしてもかまわない——ということです。これがすなわち総合能力です。しかし、より当人の能力をハッキリとらえるには、以下の分析が不可欠となります。

○その二——中間項を検討する

当人の能力発揮を阻害または抑止する中間項があれば、それを摘出します。一個人の力ではコントロールしきれなかった〝与件〟（外部条件）がはたらいていなかったか、また、上司がそのとき与えた指示や援助の方法にまずい点はなかったか、前工程の大幅な遅れはなかったかなど、組織の内部に生じた問題の影響（内部条件）を受けなかったかなどについての分析を加えてみることです。さらに、その時当人の中に、能力発揮を阻止する要因がはたらいていなかったかどうかの本人条件の見きわめも大切です。例えば、あるときその部下が体調を崩していて、（本来、能力的には不足はないのに）それが仕事の結果――成績に影響を及ぼしたなどがこれに該当します。

もっともこれらの中間項は、いつもマイナス要因としてはたらくとはかぎりません。プラス要因としてはたらき、期待レベル以上の成績をもたらすこともあるのです。例えば、新人の場合でも、いいテリトリーが与えられれば、期待以上の売上げを実現することは容易であるかもしれませんし、上司の指示がきわめて適切であったために、素晴らしい仕事の出来ばえを示すこともあるのです。また時間内にやり残した仕事を家へ持ち帰ってとりまとめ、期限に間に合わせた。この場合などは、成績としては申し分なかったとしても、能力的に十分であるとするわけにはいきません。家に持ち帰ってまで片付けたという責任性、期限に間に合ったという成績・情意面では評価できても、能力面では、時間内でこな

図表8

（中間項）

能力＝｛
●外部条件
　景気の好、不況
　季節異変、災害など
●内部条件
　上司の方針、指示のあり方
　指導の適否
　不利な地区の担当
　不利な商品の担当など
●本人条件
　精神的スランプ
　病気など
｝＝成績

せるだけのものが、まだ身についていないと判断されることもあるからです。

以上でおわかりのとおり、能力考課は成績を通して把握可能ではあるけれども、中間項をニュートラルな状態におき、能力をまる裸にして、その素顔に触れるようにしなければなりません（図表8参照）。

さきほど、能力は長い目で見るということを述べましたが、この長い目で見ることは、ある意味での中間項の中和作用をもたらすことにもなるからです。それは時間の経過とともに外部条件は緩和されますし、上司の指示、助言も、いつもまずいわけではありません。長い目で見れば、中間項を排して、ニュートラルな状態でみられるチャンスは必ずあるはずです。

○その三――不足する個所を明らかにし、それを要素に結びつける。

成績を一つの手がかりとして、なぜそのような成績を生み出すにいたったかの因果的な原因を分析します。これによって能力が不足するポイントのしっかりした把握がなされることになります。例えば、〝～を間違えたのは、×××を理解しきっていない（十分知らない）からだ〟とか、〝経験がまだまだ足りないからだ〟といった具合に、ある結果（成績）と因果的に結びつく問題点が浮かんでくるというわけです。

何が不足するか――何が問題点かをとらえるに当たっては、ただ漠然と問題点を並べたてるのではなく、具体的行動からこれがいちばん因果的に成績に大きく影響を及ぼしているという核心的なものと、そうではないものとを判別し、核心をはっきりさせるということ、つまり問題点をしぼりこむことが肝要です。このようにして把握できた核心的なものの意味するところをふまえて、かつ要素の定義内容とを照合したうえで、要素に結びつけるようにすれば、適正な要素の選択となるのです。

さて、その核心的なものを発見するにしても、手がかりが多少なりともあれば、それにこしたことはありません。

そこで、発見の手がかりとなるものをあらかじめ用意し、核心的原因発見が効果的に行えるようにしておくことも必要かと考えます。この場合、問題の原因は、部下の行動の中に内在するわけですから、まずは、その行動に着眼することが、突破口となる――といえるでしょう。つまり、そのような手がかりとなる行動を要素ごとに前もって抽出し、着眼点化しておくと、行動の選択基準ともなるし、要素への結びつけも的確に行えるし、さらに、その着眼点をベースに原因の分析を進めればよいというメリットまでもが期待できるというわけです。

実のところ、この行動の着眼化と、そのとりまとめこそ、多忙な管理監督者の有力な手助けになるはずで、すでに述べたとおり、それが今回、本書執筆の動機ともなっているのです。

なお、着眼点の事例については、次章で紹介しておきましたので参考にしていただきたいと思います。しかし、紹介するのはほんの一例にしかすぎません。これら事例について、各企業、各部門で検討に検討を重ねて随時新しいものを付け加えたり、修正や削除を繰り返し〝わが社の着眼点ライブラリー〟として、充実を図っていただくことが大切です。

またそれによって、絶対考課の実効も上がることが期待できるものと確信いたします。

○その四――やはり行動の観察がキメ手

その三で、何をもって核心的原因とするか、その証拠固めをするには、再三強調してきた部下の行動の観察につきるということになるでしょう。

さらに、外観をただ見る程度の観察にとどまらず、部下に中間報告を求めたり、状況について説明を求めたりしながら、また場合によっては、新しい局面における課題を設け、その課題に取り組ませるといった方法で、観察の幅を拡げたり、多面的な観察が行えるようにする工夫もあってしかるべきだと考えます。

○その五——最後に、もっとも大切なことは何はともあれ、各要素の定義を確実に理解することです。

(3) 成績考課の成立条件

成績考課は上司と各人（部下）が話し合った職務基準をバーとして評価をします。そこで、目標面接が考課成立の条件ということになります。

この場合、評価はバーの高低に関係なく、それをクリアしたかしなかったかをありのままに見なければなりません。しかし、このありのままに見るという大原則にも例外があります。その一つはチャレンジしたときであり、もう一つは外部条件が著しくディスタープしたときで、査定（処遇）に結びつけるときは、これらに限って修正が許されます。

(4) 能力考課の成立条件

能力考課は、位置づけ能力について問うわけですから、各人が、その等級にある者としてふさわしいかどうかが評価されます。したがって、まずその位置づけを示す期待像である等級基準（職種別習熟度別職能要件）の明確化が不可欠です。この等級基準をモノサシとして評価を行います。

もう一つは、能力を評価する媒体である成績考課は、職務基準がモノサシとなりますが、その職務基準は高いときもあれば低いときもあるのが実情です。しかし、能力考課の媒体となる成績考課については、当該等級にふさわしい職務基準をモノサシとして行われた場合（職務基準＝等級）に限らなければなりません。

絶対考課において大切なことは、このように成績考課と能力考課をハッキリと区分して評価に臨むことです。

7　能力考課とコンピテンシー（実力）評価の関係

能力は高くても、実力が乏しいといわれている中で、能力主義と合わせて実力主義の必要性が高まっています。そこで今後は能力考課の他にコンピテンシー（実力）評価も必要となります。

(1)　能力考課とコンピテンシー（実力）評価

能力と実力は保有能力と発揮能力の関係です。社員が成果を上げていくためには保有能力がなくてはなりませんが、それをどう発揮していくかの行動も必要でありそれが実力となります。

つまり保有能力を職務上必要な状況下で、いかに発揮して高成果につなげていくかの行動力がなくてはなりません。

▼▼

能力＋行動力＝実力（高成果実現能力）

しかし高齢化、構造変革が進む今日においては必ずしもこの能力と実力が一致しません。なぜならそこに能力の陳腐化、体力・気力の低下、行動特性の劣化等があるからです。そこでこれからは保有能力つまり職能（職務遂行能力）を高める能力考課だけでなく、実力評価を取り入れて発揮能力つまり行動力を高めていくことが求められます。

ところで、成果主義が単なる成果を測るための結果主義となっている状況があります。成果主義はそうではなく、これからどんな役割を担っての成果を生み出すかのマネジメントでなければなりません。つまり、成果主義は〝何をやったか〟ではなく〝何をやるか〟なのです。

成果といえども能力あっての成果であり、成果主義の導入も、能力主義で社員が開発、蓄積した能力をこれまで以上に効率的に活用、発揮させていくものとしなければなりません。その意味で成果主義をより確実なものにしていくためには、社員の能力の開発や蓄積、さらには状況、場面に対応した行動の強化に目を向けざるをえません。それがための能力主義があり、さらには実力主義であります。

つまり成果主義によって評価や処遇を行う仕組みに変更したとしても、そのベースには社員が成果を生み出すための前提、人材育成の能力主義が必要であり、しかもその育成が押し付けではなく、本人の意思・適性を尊重した加点主義の下でのものでなければなりません。さらにはその能力を活かす行動を強化し尊重する実力主義があってこそ、そこでの成果主義には期待が出来ます。成果は実力なくしてはあり得ませんし、またその実力は能力が低くては弱いものです。

そこではまず、能力を高めることが先決です。そしてその能力の発揮のためには、その人の意志や性格そして将来性などを考えての適職に就けることが前提ともなります。つまり能力の向上だけではダメで、それに併せて今、述べたようなことを把握、評価していかねばなりません。それがアセスメントです。コンピテンシーが、その職務で高い成果を上げるための行動ということであれば、それはアセスメントの一環として位置づけることが適切です。コンピテンシーは職務が求めるものと個人が保有するものとのマッチングがポイントとなります。

このようにコンピテンシーは高い成果やバリューつまり価値観に必要な行動ですが、真のコンピテンシー発揮のためには、基となる人間形成はもとより保有能力の開発向上が不可欠となります。

〝能力〟は職務遂行能力としての修得と習熟の蓄積向上、つまり保有能力であり、一方〝実力〟は高成果実現のためにどんな行動をとっているかの発揮能力となります。

能力：～ができる（Competence）→職能要件

〔どんな能力を身につけているかの保有能力〕
実力：～している（Competency）→コンピテンシーモデル
〔高成果実現のためにどんな行動をとっているか〕

例えば〝～を理解している〟とか、〝～を把握している〟というのは能力ですが、実力はその職務に必要な能力を実際に行動に移している状態、示される力量です。単に、～を知っているというだけではコンピテンシーにはなりません。その能力を「～の資料としてまとめている」とか「～の質問に対して説明している」となれば実力として評価されます。

能力考課と実力評価は、例えば、車の両輪みたいなものであり、いずれを欠いても望ましい成果は期待できません。人材の無駄づかいでは困ります。なんとしても一人ひとりの能力を伸ばし、その人材を活かすのだという決意と、それをプッシュしプロモートする人材評価制度を展開しなければなりません。能力つまり職務遂行能力では、課業（タスク）とその出来る度合いの習熟要件と勉強するための修得要件を身につけることが期待されており能力考課はそれらの充足度を見るものです。一方、実力評価の場合は恒常的に高い業

図表9　実力評価

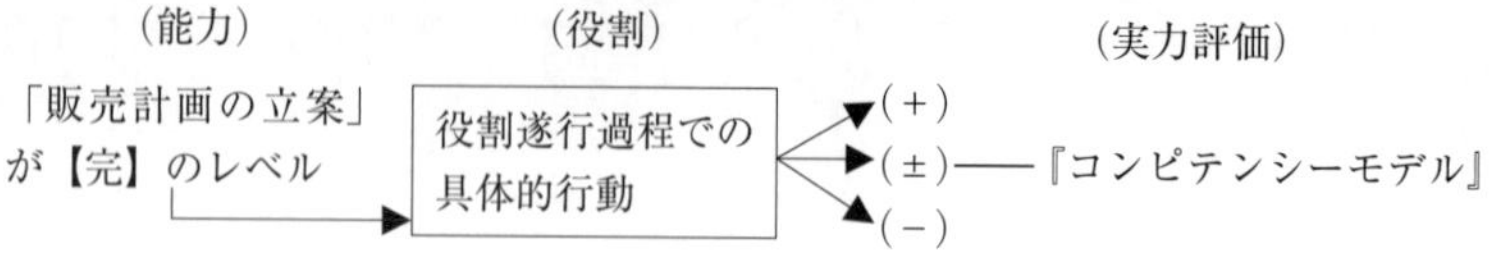

績を上げる者の行動態様をコンピテンシーモデルとして示し、状況下での接近度をみます。単にハイパフォーマーの行動を明記しているだけでのコンピテンシーモデルでは困ります。そうであればそれをただ真似していればよいということになります。

どんな場面でどんな行動をとることが必要かを具体的に洗い出し、その分析結果を精査することなしの行動基準では弱いものです。役割つまり職務遂行上で求められている行動として何を行うべきなのか、職務上何が重要なのかを考えての行動基準でなければなりません。そうした行動の分析が実力評価です。またコンピテンシーとして求められるものは意識しないでも動ける、いわば深層心理にまで影響を与えるものといわれています。

このように実力評価の意義は『能力と成果』を確実につなぎ合わせる〝結び目〟みたいなもので成果主義の導入にはこの実力評価は必要となります。

図表10　評価の進め方

(2) コンピテンシー（実力）評価の具体的方法

図表9で見るように、能力は例えば課業〝販売計画の立案〟での習熟、修得の高まりの考課です。この保有能力を役割遂行過程での状況下で、どう行動しているかを、あらかじめ用意された期待実力像（コンピテンシーモデル）の具体的行動短文（ディクショナリー）に照らしてチェックするのがコンピテンシー（実力）評価です。

販売計画の立案で求められる実績分析や市場予測が完全に〝できる〟習熟とそのために必要な知識・技術を持つ担当者が、期待されている役割から何をすべきか、組織内でどんな点を重視しているのかを意識して、いろんな状況下でのアクション、変化時の対応などの行動がコンピテンシーモデルの具体的行動短文に照らして、〝該当している〟、〝該当しない〟の接近度をチェックし評価します。

そのためには図表10のように期首において、上司と部下が目標面接の場でコンピテンシーの確認と役割をしっかりと設定・確認することが前提となります。

図表11

ディクショナリー	評価		
	常に該当（A）	時々該当（B）	該当しない（C）
1　環境の変化に対し常に関心を払い必要な外部情報を的確・迅速に集めている			
2　戦略・計画を実行、推進するために関係者に対し意欲を掻きたて、持続化をしている			
3　外部環境の動向に目を配り市場ニーズを見抜く力とこれに対応する力をバランスさせ、市場と顧客を創造している			

図表10で見るように、まずコンピテンシーについて確認をします。そのうえで各人には組織のミッションと置かれている状況に応じて今期の職責が与えられます。

そして各人は与えられた職責に対しての自らの具体的行動計画、つまりチャレンジ目標を設定したうえで、上司と真摯に検討、確認する目標面接で役割が決まります。役割からして何をやるべきなのか、組織内でどのような点を重視しているのか、職務遂行上で自分に求められている行動、累積された能力をいかに効率よく発揮してもらうかを考えた役割設定が重要となります。

図表12

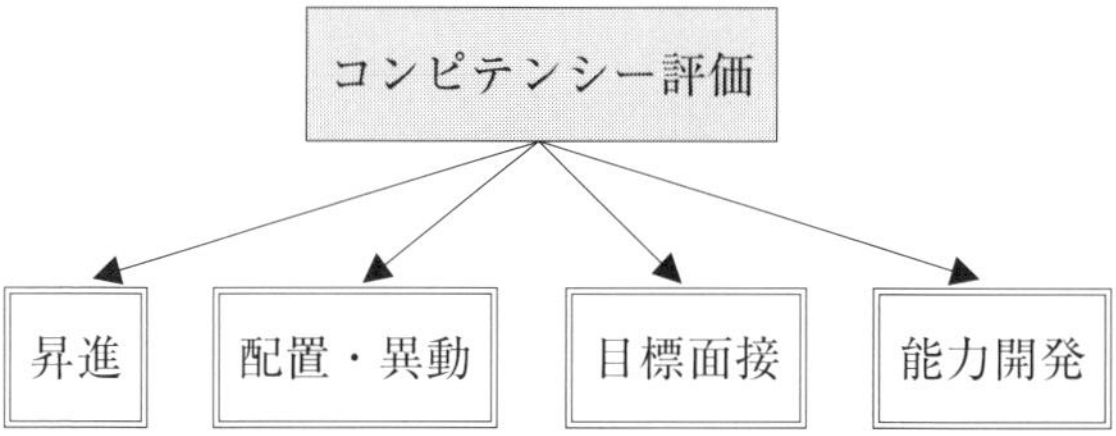

それがためのコンピテンシー（実力）評価でありますが、そのためにはその後、期待役割を確実なものとするための遂行課程での行動の把握が適切に行われ、それらを具体的材料としての評価が行われなければなりません。

図表11で見るように評価はディクショナリーに対して観察記録を基に部下の行動の接近度を用意された評価尺度でチェックする択一法が採られます。

評価結果のフィードバックは、なにも標語「A」とか「C」を本人に知らせるだけではなく、評価によって得られた具体的情報を知らせ、それについて今後に向けて事態の改善をしていくことが本旨です。具体的には、

① 自分が気持ちよく発揮できるコンピテンシーを開発する
② 自分の長所（強み）を知る
③ 自分の暗所（弱み）を知る
④ 短所部分に代わる、他のコンピテンシーでの効果を得る方向

づけをするなど、期待するコンピテンシーモデルからみて、どんな状況でどんな行動が必要かを気づき、気づかせることをねらいとします。

図表12で見るように、コンピテンシー（実力）評価は企業の期待する実力像に向って、一人ひとりの行動力を高め最適な状態でその人材を活かし、企業競争力を高めようということです。

第2章

要素別行動の着眼点

前章では、人事考課の三つの判断行動と、それぞれの判断行動における留意点について取り上げました。

特に絶対考課においては、部下の職務遂行行動の観察と分析にかかっており、したがって部下の行動をどう把握するかによって、絶対考課そのものの「質」が問われる点について強調しました。そして絶対考課の質を高めていくためには、あらかじめ、人事考課の対象と考えられる職務遂行行動について抽出——着眼点化しておくことによって、

・人事考課の対象とすべき行動の選択基準として活かせること

・その行動の要素への結びつけが的確に行えること、また

・評価結果から原因分析をする際、問題となる行動のしぼりこみが整理しやすいことについて、簡単にふれておきました。そこで、この章では、行動の着眼点化をどのように進め、とりまとめるべきかについてともに考えてみたいと思います。

1 行動の着眼点化のポイント

人事考課の対象となる行動といっても、その中には、全社的に共通するものもあれば、

そうでないもの、その部門、職場に限られるものが考えられます。また、仕事の内容やレベルが違えば、着眼すべき行動はもちろん違ってくるはずです。

そこで、着眼点化、すなわち考課の対象とすべき行動の抽出とそのとりまとめは、どうしても各部門や職場ごとに取り組まざるをえないということになります。着眼点については、自分たちでつくったものを、自分たちが使うのだという意識が大切で、これがないと着眼点をまとめる意義は失われてしまいます。また、かりに第三者の手によってまとめられたとしても、それは、サンプルにはなりえても、当事者として全幅の信頼をおいて、納得ずくでそれを活用するなどは、とてもできないことだと思います。

2　着眼点化の進め方

具体的にどのように着眼点をとりまとめていけばよいか。それについては、

(1)　部門、職場の考課者全員の参画でつくる

この全員参画の主旨は、考課要素の定義の共通の理解、解釈と併せて、着眼点についても同様のことが当てはまるからです。着眼点についても、考課者全員が共有し、共通の基

盤に立って理解することがもちろん望まれるわけで、それには、全員参加の着眼点づくりとしなければなりません。

(2)　着眼点づくりの情報源

次に、何を根拠においてとりまとめていけばよいのか——についてですが、それについては、一般に、次のようなものが考えられます。まず課業一覧表と職能要件書（等級基準）です。課業一覧表の課業、職能要件の習熟、修得要件のそれぞれから、どのような行動上の特性が考えられるかを拾い出していく方法です。場合によって職能要件書の内容そのものを行動として取り上げることもあろうかと思います。

各考課要素ごとの定義からも同様に抽出することも可能です。例えば、規律性の定義を咀嚼《そしゃく》し、種々検討を加えることによって、着眼点となるものには、どのようなものがあるかを見出していく方法です。

その他の情報源としては、その企業の経営方針、社是社訓や業務マニュアル、作業基準等々があげられると思います。

(3)　着眼点づくりはケース・スタディ方式で

着眼点づくりは全員参画方式でと申しましたが、さらに全員参加のケース・スタディ方

式で進めるのがよいかと考えます。すなわち、

○みんなで、各要素ごとの着眼点をもちよって、それをたたき台として意見を交換しながら取捨選択する。

○各考課者の経験をもちよって、それを中心に討議を重ね、とりまとめていく。

例えば、実際にあった部下の行動をたたき台として、それを対象として取り上げるかどうか。取り上げるならばどの要素にそれを結びつけるかについて、みんなで考えるやり方です。

ただし、この場合、気をつけなければならないことは、部下個人の人格や性格のことをとやかく言うのではなく、その行動についてどうなのかに集中しなければならないということです。その注意を怠ると、個人の人格や性格をやり玉に上げる過ちをおかすことになってしまいます。

○徐々に着眼点のストックを増やし、充実させていく。

最初からいきなりベストのものをねらわないで、検討を重ね積み上げていく、といった努力が、結果的にはよいものを生み出すことになるでしょう。ある程度急がばまわれ式の方が好結果をもたらすものと考えます。

またそのような考課者どうしの努力の積み重ねの中から、要素の定義の相互理解の深まり、行動選択上の齟齬《そご》の解消等が実現され、共通の判断基準に立った、正しい人事考課の判断行動が培われていくのではないかと思います。

(4) 着眼点のとりまとめ

着眼点としては、まさにその着眼すべき具体的行動として書き出すようにするのがポイントということになるでしょう。つまり着眼すべきターゲットである行動そのものズバリを書くということです。

そして、その行動をリスト化し、整理し、要素別にまとめていくようにすると、行動の選択——要素の選択が、効果的に進められるようになるでしょう。

着眼点をどのように役立たせることができるかについては、すでに三点ほどあげておきましたが、部下の職務遂行行動に関する着眼点のリスト化は、それなりに絶対考課の目指すところに一歩二歩と近づいていく要件の一つであると確信いたします。着眼点のとりまとめは、このようにしなければならないというきまりはありませんが、大切なのは、やはりその中身だと思います。

ひとつ、各考課者が互いに知恵を出し合って、これぞという着眼点をつくっていただきたいと思います。

なお、参考までに次章で「着眼点のいろいろ」を評価要素別に紹介しておきましたが、著者自身は、これもひとつのたたき台だと思っていますので、そのような著者の意図にそって活用していただければと思います。例示しました着眼点リストの中には、空白個所をつくっておきました。その個所に、あなたの企業、あなたの職場における着眼点をも書きこんでいただくために設けたものです。考課者のみなさんの手によってブランクを埋めていただきたいと思います。それは、部下との話し合いの場でも可能かと思います。

併せて、コンピテンシー（実力）評価の行動短文（ディクショナリー）を例示しましたのでご参考にして下さい。

本書が、考課者訓練の場でまた、あなたの職場の着眼点づくりの場において、大いに活用されんことを希望してやみません。絶対考課の精度を高める〝行動の着眼点化〟については以上のとおりですが、ではそれだけで絶対考課の成果は十分に期待しえるでしょうか。

ここでもう一つ、絶対考課のキメ手になるものを申し上げておきたいと思います。それは、部下一人ひとり、すなわち〝個〟を見つめた話し合いです。職務基準（期待像）の確認の話し合いに始まり、職務遂行課程の観察、分析と併せて行う、フォローと中間チェックの話し合い、また考課結果のフィードバックと事態改善のための話し合いというふうに、上司は部下との〝対話〟のオンパレードです。そのことから、面接制度なくして絶対考課の確立は望み得ないということになります。面接制度については、拙著「部下のやる気を高める目標の決め方」（経営書院刊）で詳しく触れていますのでご参照下さい。

第3章

要素別着眼点のいろいろ（事例編）

1 情意考課

規律性、協調性、積極性、責任性などの考課着眼点について

(1) 規律性

① 定義

日常の服務規律の遵守の度合い——定められた諸規則、諸規定、さらには上司の指示を守った程度のことをいう。職場での申し合わせ事項なども含む。

② 着眼点～該当する行動

・遅刻、早退、無断欠勤はなかったか。
・無断離席、私用外出などはなかったか。
・定時内での怠業はなかったか（談笑、さぼりなど）。
・服装、身だしなみはどうであったか。
・言葉づかい、挨拶、態度、マナーはきちんとできていたか。
・職場の整理整頓、美化に努めたか。

・上位職の指示命令に対する応答態度はどうであったか。
・職場の慣行、約束事は守ったか。
・業務上の機密は保持し、漏らすようなことはなかったか。
・什器、備品などを大切にしたか。
・会社のイメージダウンになるような行為はなかったか。
・社内の風紀、秩序を乱すような言動はなかったか。
・公私混同をするようなことはなかったか。
　○私用電話、不必要な長電話
　○会社の物を私物化する
・他人を中傷するような言動はなかったか。
・流言飛語するようなことはなかったか。
・他人の迷惑になるようなことはしなかったか。
・時間前に帰り支度をするようなことはなかったか。
・借りた物を返し忘れるようなことはなかったか。
・朝夕の挨拶を励行しているかどうか。

・上位者には節度ある呼び方や言葉づかいをしているか。
・使用したものは必ず元のところへ戻しているか。
・規則やルールについて自分勝手な解釈をしていないか。
・制服、ユニフォームなどの保管はきちんとしているか。
・電気の消し忘れ、水の止め忘れをしていないか。
・通路や廊下に落ちているものを、踏みつけたまま行ってしまうようなことはなかったか。
・グループの決定したことは守っていたか。
・社内手続などの届出を守っているか。
・呼ばれたらきちんと返事をしているか。
・就業中に化粧を直したりしていないか。
・居眠りなどしていないか。
・かげひなたなく仕事に打ち込んでいるか。
・単純、単調、地味な仕事でも快く引き受けるか。
・着手、打ち上げの時間は適切か。
・安全衛生のルールを守っているか。

・下位等級者へ、模範的態度を示しているか。
・権限の行使の行きすぎはないか。
・ルールを守り、秩序の維持に努めているか。
・報告や連絡、伝言などをきちんとしているか（これは、責任性でとらえることも可。その場合、規律性か責任性のいずれかでとらえる）。
・毎日、出勤簿に記入しなかった。
・いつも机上の整理整頓はできていた。
・所在は常に明らかであった。
・ゴミが落ちていても拾わなかった。
・挨拶、態度、マナーはよかった。
・勤務時間内に私語が多かった。
・くわえたばこで歩いていた。
・指示、命令に従わなかった。
・仕事の選り好みをしたことはなかった。
・職場のルールを守らなかった。

・公私のケジメをわきまえていなかった。
・上司の指示命令に対する応答態度はよかった
・報告・連絡・相談ができていた。
・会社の機密を漏らした。
・いつも元気よく大きな声の挨拶が率先して行われていた。
・約束した時間を厳守せず、関係者への事前連絡もなく、会議などに遅れることが多い。
・残業申請や勤務変動などの就業規則や、他の社内規程をよく理解し意識して行動しており、他の模範となる。
・毎朝、ぎりぎりで出社し、よく遅刻する。
・機に応じて上司への報告・連絡・相談を行い、的確な業務行動を取れた。
・退社時には机のまわり、書籍、書類などが常に整理・整頓されていた。
・電話が鳴るとすぐに取り、応対がよかった。
・出張報告や不具合報告などの提出が遅れたり、遅刻しても報告しなかったりした。
・社用車を使った後、ゴミを片づけていなかった。
・借り出したマニュアルや資料・機器は、用がすめば元の場所に迅速にきちんと返却している。
・書類や備品の管理がきちんと行えた。
・上司、同僚から呼ばれても返事をしないで無視することがあった。

【自分の職場での着眼点】

・
・
・
・
・
・
・
・
・
・
・

(2) 協調性

① 定義

チームの一員としての他人の守備範囲をカバーする行動の度合い。

仕事や目標を達成するため、お互いの仕事が円滑に行われるよう、自ら進んで上司、同僚、後輩といった人たちと協力し合い、良好な人間関係を維持しながら、チームプレーに取り組もうとする行動や態度のことであり、それは主として自分以外の人たちの守備範囲に及ぶものであり、チームワークのあり方でもある。

② 着眼点～該当する行動

・他人の仕事を自発的に手伝ったか。
・自分だけがよければよい、といった利己的な言動はなかったか。
・周囲と調和するよう、心がけていたか。
・他人が困っているのを見て見ぬふりをしなかったか。
・情報の一人占めをするようなことをしなかったか。
・他部門ともよく協力し信頼を得ていたか。
・他の部門（課、係）と関連する仕事について、自分の立場、相手の立場を考えて行動したか。

・人間関係をまずくするような言動はなかったか。
・自分の立場、自分の仕事に固執して、他に迷惑を及ぼすことはなかったか。
・だれとでも仲良くやっていこうと努力していたか。
・気に入った相手なら手を貸すといった選り好みの協力であったかどうか。
・興味、関心のあることだけに協力するといったことはなかったか。
・おせっかいやちょっかいを協力と混同しているところはなかったか。
・恩着せがましく手伝うようなところはなかったか。
・抜けがけをしたり、スタンドプレーをするようなところはなかったか。
・勤務時間の変更にも快く応じていたかどうか。
・会議などでは、他人の意見を受け入れるようにしていたか。
・休んだ人の分までカバーしたかどうか。
・人の嫌がることを進んでやろうとしたかどうか。
・人といっしょにやることを嫌がらなかったか。
・自分の意見が通らなかったときは、見向きもしないといったことはなかったか。

・自分の嫌なことは、人に押しつけるといったことはなかったか。
・人の忙しい時に見て見ぬふりをしていないか。
・当番（輪番制）を嫌がることはないか。
・人のミスを責めたりしないか。
・仕事を抱え込まないか。
・自分の好きな相手としか口をきかない。
・上司をよく補佐するか。
・みんなを盛り立てるようにしているか。
・仕事の選り好みをしていないか。
・感情的、攻撃的なことはないか。
・不平不満が多くないか。
・進んで協力して、組織全体の能率向上に貢献したか。
・組織の一員であることを常に意識しているか。
・周囲とうまくいかず、孤立したり、協調を乱すことはないか。
・全体のことを考えて行動をとっているか。

・身勝手で思いやりがなく、不親切でないか。
・人の世話や面倒みがよいか。
・他人の仕事にケチをつけることはないか。
・自分を多少殺しても、全体の利益のことを考えるか。
・陰口をたたいたり、流言を流したりすることはないか。
・相手の立場に立って行動した。
・他人の意見を聞いた。
・他人の仕事を自発的に手伝った。
・他人の仕事に注意をはらっていた。
・関心のあることだけに協力するといったことはなかった。
・他人と協力して仕事を進めることができた。
・他人のミスをカバーした。
・関係者と密接に連絡をとり、仕事に取り組んだ。
・周りとのコミュニケーションを図り、人間関係づくりに協力した。
・組織全体のことを考えて行動をとった。

・感情的、攻撃的なことはなかった。
・自分の担当職務ではないので協力はしなかった。
・チームワークを乱す言動、行動をとった。
・他の人に学ぶ、他の人に教えるという態度に欠けていた。
・常に単独行動をとった。
・関係者へ有用な情報の共有化・提供・公開が積極的に行われていた。
・人の話をよく聞き、前向きな意見を述べる。
・批判をしたり、人の話しにケチをつけたりはするが改善案や建設的な意見は出さない。
・人の嫌がる仕事を進んで行う（掃除や片づけ、ゴミ集めなど）。
・他部署を訪ねてこられたお客様にもきちんと応対していた。
・昼休みや休息時間に電話（内線、外線）が鳴っていても、電話をとろうともしなかった。
・上司や他の人からアドバイスを受けても、へ理屈をつけて謙虚に聞こうとしない。
・他部門との共同作業ではコミュニケーションが密になるよう気配りされていた。
・問題点をオープンにし、他人からの協力を積極的に受けることができた。
・同僚が重い荷物を動かしているのに見て見ないフリをした。

・横の連絡を取り合い、スムーズな業務進行が行えた。
・自分に関係のないＦＡＸでも、見かけたらついでに担当者に配る。
・社内行事には必ず参加する。
・人の仕事は無関心で解決方法を知っているにもかかわらず他人事だと放っておいた。
・頼まれもしないのに出しゃばる。

【自分の職場での着眼点】

・
・
・
・
・
・
・
・
・

(3) 積極性

① 定義

改善提案、継続的なチャレンジ、自己啓発など、「今または、現状以上に」といった意欲と、その姿勢の度合い。

困難な状況の中でも、あえてチャレンジしようとする姿勢、現状にあまんじることなく創意・工夫したり、場合によってはリスクテーキングするといった態度のこと。

② 着眼点～該当する行動

・自分の仕事に関する知識、技能向上のための社内外研修へ参加したか。
・小集団活動、自主的研修会などへの参加をしているか。
・事務改善、作業手順、方法などの改善、企画、提案などをしたか。
・上司に対する進言、意見具申をしたか。
・今までの経験を活かし、与えられた以上のことをしたか。
・リスクテーキングをしたか。
・チャレンジ意欲はどうであったか。
・現状を無難に維持しようとする傾向はなかったか。

・参考図書のことをよく聞きに来るか、また、それを読んでいるか。
・通信教育の受講などをしているか。
・〝自分にやらせてくれ〟、〝もっとやらせてくれ〟と言って申し出たことはあるか。
・期待したことはソツなくやるが、期待以上にはしようとしないところはないか。
・独断専行するところはないか（積極性のはき違え）。
・ここぞというときに、注目を集めるような提言や提案をしたことはないか。
・前例がないとか、規程にないということで、あっさり片付けてしまうようなところはないか。
・言われたことしかやらないか。
・会議等で意見を言うか。
・難しい仕事にも、進んで取り組むか。
・必要な知識、技能を常に習得しようとしているか。
・困難な作業を進んで処理したか。
・職務拡大（新規開拓など）に心がけているか。
・部下に不満を持ちながら改善しようとしないか。

・経費の低減に効果を上げたか。
・仕事に能動的に対処しようとする意欲があるか。
・仕事をもっと広く、深く研究しようとする意欲はあるか。
・より高い、より広い見地、視野に立って物事を見ているか。
・よいと思ったことは進んで進言しているか。
・こちらから訪ねるまで意見を述べないか。
・仕事がマンネリになっていないか。
・事務改善、作業手順、方法などの仕事の改善、企画、提案などをした。
・会議で進んで発言をしなかった。
・何事にも興味を持って仕事に取り組んだ。
・意欲と熱意を持って仕事に取り組まなかった。
・自分の仕事の範囲を拡大した。
・研修に積極的に参加しなかった。
・情報の収集に努めなかった。
・上位の仕事にも進んで取り組んだ。

・おおむね容易な仕事を望んだ。
・仕事を作り出そうという意欲に欠けていた。
・自分の持っている技術、知識、資格を出し惜しみした。
・打ち合わせや会議を建設的なものにするために、当事者意識をもち、前向きに積極的に自分の意見を述べる。
・新たな事態や困難な仕事にも臆せず、チャレンジ精神で常に前向きに取り組んでいた。
・現状の仕事を継続し、業務を改善しようとしない。
・即改善出来ることが何もされないままズルズルと後回しにする傾向にあった。
・受講したセミナーの内容で参考になるものは、自主的に報告会を開いて紹介している。
・自分の能力よりも上の目標を設定し、それに向って努力する。
・通信教育などにも積極的に取り組んで予定どおり完了し、活用する。
・常に問題意識を持ち、疑問を解決し、新しいもの・やり方に興味を示し、他人の意見を聞く。
・議事録はその日か翌日中にはまとめて、皆の記憶が新しい内に公表できるように工夫している。

・情報共有のため積極的に発言し、資料を配信している。
・社内行事の運営委員に自ら進んでなった。
・新しいもの、やり方にいつも興味を示す。
・他人の仕事にも注意を払い、その問題点を指摘し改善の方向へ持っていけた。

【自分の職場での着眼点】

・
・
・
・
・
・
・
・
・
・

(4) 責任性

① 定義

自分に与えられた守備範囲を守ろうとする意欲、姿勢の度合い。

自分の役割や立場を自覚し、自分に期待し求められるものを、全力を傾注して果たそうとする態度、行動のことをいう。

② 着眼点～該当する行動

・与えられた仕事は最後までやり終えたか。
・仕事を途中で投げ出さなかったたか。
・自分の失敗を他人に転嫁しなかったたか。
・部下の失敗に対する対応はどうだったか（適切だったたか）。
・重大な意志決定をズルズル延ばし、タイミングを誤ったり、利益を失したことはなかったか。
・安易に上司に決定をゆだねることはなかったか。
・指示したことを忘れることはなかったか。
・安心して仕事を任せることができるかどうか。

・約束した期限、期日を守ったかどうか。
・引っ込み思案なところはなかったか。
・独断先行になりがちなところはなかったか。
・他に依存することはなかったか。
・優柔不断なところはなかったか。
・部下のやらなかったことを自分のこととして処理するか。
・仕事の進捗状況を常に把握しているか。
・自己管理は適切か。
・部下の責任についても回避したりしないか。
・社員としての自覚に欠けるところはなかったか。
・自分の仕事を、勝手に他人に依頼したり、押しつけたりすることはないか。
・言い訳が目立つことはないか。
・上司に直言する勇気があるか。
・やり終えた後に、フォローする意識はあるか。
・アフターケアに細心の注意を払ってるか。

・自分の担当の仕事は最後までやり終えた。
・仕事を放置して帰った。
・仕事の進捗状況を常に把握していた。
・不明な点をきっちり確認して仕事をした。
・時間を要する仕事は進捗状況を適時報告した。
・他人に依存することはなかった。
・不明な点を自分で調べたり、上司や先輩に質問し確かめた。
・仕事の手抜きはなかった。
・仕事のミスをそのままにしないで適切な処理をした。
・自分のミスを他人のせいにしなかった。
・自分の役割、立場を理解し、期待に応えようと努めた。
・安易に上司に決定を委ねることはなかった。
・仕事上の約束を守った。
・指示されたことを忘れた。
・何度も同じミスを繰り返し他部署や他人に多大な迷惑をかけた。

・仕事の段取りに関係なく、当日急に有給をとったり、勝手な残業が多い。
・手抜きの仕事が多く、後で問題になることが多い。
・部下に任せた仕事の状況を確認しないまま、対策が後手に回ることがあった。
・スケジュールは立てるが実行せず、言い訳ばかりいう。
・指示された仕事は督促されることもなく、いつも納期どおりに処理されていた。
・作業スケジュールを守るために報告、連絡、相談をし未然に対策を打つ。
・自分の仕事は最後まで責任を持ってやり抜ける。
・全社プロジェクトも常に当事者意識を持った言動、行動がとられていた。
・提出期限が過ぎても提出すべき資料が提出されなかった。
・失敗を他に転嫁せず、自分の責任として捉えた。
・いつも上司にきちんと業務報告していた。
・任された仕事の品質は確保し、納期も守れた。
・部下の面倒をしっかり見ていた。
・風邪で休むことになっても、当日の会議で自分の担当案件については同僚・上司が代行できるようにする。

(5) 企業意識

① 定義

幹部としての自覚、全社的視野に立っての行動の度合い。

② 着眼点～該当する行動

・自己の職責と役割、まわりの期待を十分に理解しての行動をとったか。
・経営方針をわきまえ、参画意識は常に旺盛であったか。
・会社の利害得失を常に念頭におき行動していたか。
・原価意識をもって行動していたか。
・バランス感覚をもって行動していたか。
・担当職務の枠にとどまらず、大所高所に立って仕事をしていたか。
・仕事の処理が、後手後手でないか。
・状況の変化に適切な対応をしたか。
・自分の都合や利益を多少犠牲にしても、全体の利益を考えて行動するか。
・他部門の仕事でも、それが緊急の場合、部門をあげてバックアップする指示または行動をとったか。

・不当な要求に対しては、丁寧な中にも毅然たる対応をとったか。
・正確な情報に基づいて顧客に有益なサービスを提供しているか。
・事実を確認しないで憶測や印象で判断していないか。
・虚偽報告、書類の改ざんなどを行っていないか。

【自分の職場での着眼点】

・
・
・
・
・
・
・
・
・
・

2 成績考課

仕事の質、仕事の量、仕事の成果、指導、育成、監督などの考課着眼点について

(1) 仕事の質

① 定義

上司から指示された仕事の結果の出来栄え、仕事の内容の充実度、正確性、信頼性、効果性、効率性、など

② 着眼点 ～ 該当する行動

・仕事のミスのなさの程度。
・出来栄えの程度。
・正確さ、精度の高さの程度。
・手順どおりであったかどうか。
・指示、方針どおりであったかどうか。
・許容度内であったかどうか。

・やり直しがあったかどうか（やり直しの回数）。
・間違いがあったかどうか（間違いの回数）。
　◦同じ間違いがあったかどうか
　◦同じ間違いを繰り返したかどうか
・誤字、脱字があったかどうか。
・計算違いがあったかどうか。
・歩留率を越えたかどうか。
・仕損じによるムダ、ロスを発生させたかどうか。
・仕事に対するクレームがあったかどうか。
・所定の予算内におさまったかどうか。
・所定の工数内におさまったかどうか。
・改善事項を織り込んだかどうか。
・緊急、応急措置を織り込んだかどうか。
・事故件数は減ったかどうか。
・計画の練り直しは頻繁だったかどうか。

・仕事の手抜きはあったか、なかったか。
・原価低減を図ったかどうか。
・代替的な要素を織り込んだ仕事や計画であったかどうか。
・手段や方法の選択は適切であったかどうか。
・マニュアルや指示書に準じていたかどうか。
・品質基準を上回るものであったかどうか。
・仕事や計画に織り込むべき条件や内容はどうであったか。
・仕事の出来、不出来の波があったかどうか。
・指示した要点を織り込んだ出来栄えであったかどうか。
・工夫をしながらやっていたかどうか。
・点検をしながら仕事を進めていたかどうか。
・仕事の見直しやチェックを行っていたかどうか。
・置き忘れをしたことがあるかどうか。
・書き忘れをしたことがあるかどうか。
・出し忘れをしたことがあるかどうか。

・しまい忘れをしたことがあるかどうか。
・仕事ぶりはきちょうめんであるか。
・仕事ぶりは注意深いか。
・仕事について苦情が出て困ることがあるか。
・あやまりをすばやく発見したか。
・書類、物品類の保管はきちょうめんであるか。
・安全に注意していたか。
・創意工夫や改善をこらしていたか。

【自分の職場での着眼点】

(2) 仕事の量

① 定義

上司から指示された仕事を遂行した度合い、出来高、達成率、増減率、時間、期限など

② 着眼点～該当する行動

・基準に対する処理量（こなした数）はどうだったか。
　。件数
　。個数
　。総量
・所定の時間内に終わらせることができたかどうか。
・所定のスケジュールどおりに仕事をこなしていったかどうか。
・期限内に仕事を完了したかどうか。
・期限内に仕事のとりまとめを行ったかどうか。
・期限内に仕上がり予定のところまでやったかどうか。
・基準どおりのスピードであったかどうか。
・言動がきびきびしているか。

・反応は早いか。
・異なる仕事への切り替えは早いか。
・新しい仕事でも手順よくやれるか。
・常に残業して仕事をしているか。
・テキパキむだなく処理したか。
・準備が不十分で、停滞したり、遅れが出たりしなかったか。
・他者よりも、いつも仕事を終えるのが早いか。
・上司、同僚の援助を必要とすることが多いか。

【自分の職場での着眼点】

(3) 仕事の成果

① 定義

与えられた仕事の成果（アウトプット）——仕事の（質）×（量）。

② 着眼点～該当する行動

・臨機応変な仕事ぶりであったかどうか。

・全体の仕事の流れ、関連する仕事の進捗に合わせて、自分の仕事を進めていったかどうか。

・新しいノウハウを採り入れ、効果的に行うようにしていたかどうか。

・自ら適宜、適切な企画立案をし、業務の推進に寄与したか。

・インプットとアウトプットの関係を考えて仕事をしているか。

・仕事の手際はよかったか。

・拙速と巧遅をわきまえて仕事をしていたか。

・丁寧すぎて過剰品質でなかったか。

・目的手段の取り違えはなかったか。

・よく考えないで、仕事をやり急ぐところはないか。

・状況の変化や不測の事態に対してテキパキと処理したか。
・手持ち時間を発生させなかったか。
・現状に満足せず、仕事の改善、改良、工夫をしたか。
・安心して仕事を任せられたか。
・タイミングを失することはないか。
・関連部署との協力や援助を得て、完成させたか。
・部門全体からみても、それは大きな成果（業績）として認められるか。
・必要な報告や連絡を忘れたり、独断で省略、削除したりすることはないか。

【自分の職場での着眼点】

(4) 指導・育成・監督

① 定義

下位者の知識、技能の向上、動機づけ、意欲向上の成果の度合い。

② 着眼点～該当する行動

・自ら習得したものを、下位者によく教えていたか。
・下位者の知識、技能の程度を把握し、指導上の必要性を明らかにしたうえでの指導をしていたか。
・下位者が身につけるまで、反復継続した指導を根気よく行っていたか。
・下位者によき示範（手本、見本）を示していたか。
・育成のためのタスクローテーションを適切に行ったか。
・研究テーマや課題を与えていたか。
・行き当たりばったりの指導ではなかったか。
・ルール違反に対して、見て見ぬふりをしていなかったか。
・グループ活動、小集団活動などを自発的に行わせていたか。
・会議やミーティングの場で効果的なリーダーシップを発揮していたか。

・部下の行動の観察、分析、記録をしていたか。
・示唆、助言、説明の仕方など、ＯＪＴの基本をよくわきまえた指導ぶりであったか。
・部下への指示は適切なものであったか。
・部下に補佐、代行の仕事を行わせていたか（後継者の育成に努めていたか）。
・仕事への参画意識とモラールを向上させるよう努めていたか。
・報告やレポートをタイムリーに行わせていたか。
・部下の成績や能力を正しく評価し、公正な取り扱いを行ったか。
・目標の明確化、基準の明確化を図っていたか。
・フィードバックをそのつど的確に行っていたか。
・自分の意見、考えを一方的に押しつけるところはなかったか。
・下位者の立場をよく理解するように努めていたか。
・下位者の意見や考えを取り上げていたか。
・情報交換を常に行うようにしていたか。
・下位者の業務内容のチェックを行っていたか。
・自ら解決すべき問題については的確に処理したか。

・下位者に問題解決に当たらせるようしむけていたか。
・下位者に改善提案を求めていたか。
・修正を必要とするものについては、相互によく検討し、独断したり、強要することはなかったか。
・下位者との約束は果たしていたか。
・話し合いには快く応じていたか。
・自ら改善提案を行ったかどうか。
・部下から信頼されていたか。
・チームワークの改善に努めたか。
・仕事中の誤まり、事故などを未然に防ぐ注意をしていたか。
・卒先垂範を心がけているか。
・下位者からの不平不満、苦情はあるか。
・安全には気を配っていたか。
・上意下達、下意上達のパイプ役を果たしているか。
・下位者への仕事の配分は適切か。

・下位者のしかり方、ほめ方などは適切か。
・小うるさく口出ししていないか。
・厳しすぎるあまり、下位者を委縮させていないか。

【自分の職場での着眼点】

・
・
・
・
・
・
・
・
・
・
・

(5) 管理・統率・調整

① 定義

担当部門および他部門との意見調整を図り、組織の効果的運営に貢献した度合い。

② 着眼点～該当する行動

・他部門との意見疎通に欠けるところはなかったか。
・他部門、自部門を含め、広い視野に立って業務の処理に当たったか。
・部下を掌握し組織的効果的な部門運営に当たったか。
・コミュニケーションのパイプ役として上位下達、下意上達を的確に行ったか。
・関連部門と業務上の連携をとり所轄業務を遂行したか。
・上位目標達成のため自部門組織の運営を効果的に行ったか。
・ルールや制度の変更に当たっては、抵抗や混乱を招かないよう、細心の注意や考慮を払ったか。
・自部門のことしか考えない言動があったかどうか。
・自部門の目標設定に、参画させていたか、どうか。
・会議の席上では、自分の意見、考えを述べていたか。

・他部門に対する協力や援助を惜しまなかったか。
・方針を明確に示し、浸透徹底を図ったか。
・部下からの問題提起をうやむやにすることはなかったか。
・決定したり、指示すべきことを行っていたかどうか。
・部下の性格、能力、適性などを適確にすばやく見抜けるか。
・部下の仕事の結果や報告を、手早く、見落とし、見問違いなくチェックしているか。
・部下から尊敬、信頼されているか。
・部下の提案、意見を採り入れているか。
・タイミングよく助言できるか。
・権威だけに頼っていないか。
・根回しをうまくやっているか。
・ミーティングなどで、部下の意見をうまく引き出しているか。
・部下によい影響力を及ぼしているか。
・部下と一緒になって、反体制的、批判的、非建設的な発言をすることはないか。

(6) 課題（重点目標）達成

① 定義

部門（組織）目標（成果）の達成度。

② 着眼点～該当する行動

・期首に設定した、業務目標に対する達成度、または質的内容はどうであったか。
・採算面（対費用効果、費用、時間の消費）に対する考慮は払われていたか。
・目的に対する手段の適合化を図っていたか。
・コントロールの行きすぎ不足などはなかったか。
・状況に応じてのリーダーシップを発揮していたか。
・下位者の失敗やミスを、わが事として処理に当たっていたか。
・仕事や目標に対する優先順位を明確に示し、浸透徹底を図っていたかどうか。
・今までのやり方にこだわることなく、改革、改善を推し進めようとしたかどうか。
・異常な事態に的確に対応したかどうか。
・予算計画は妥当なものであったか。
・予算管理は行っていたかどうか。

・問題意識をもち実効性のある改善に取り組んだか。
・目標達成や重点課題達成のため、上司を補佐したか。
・担当する職務を必要最少限の人員で達成したか。
・問題解決の着想は、豊富であり、かつ適切であるか。

【自分の職場での着眼点】

・
・
・
・
・
・
・
・
・
・

なお、成績考課の着眼点全般を見わたした場合、例えば、「指導・育成・監督」と「管理統率・調整」の着眼点に、類似のものがそれぞれに含まれています。これは、あくまでも、それぞれの要素別に一つのサンプルとして示す必要上、そうなったまでのことで、実際に各企業や職場でとりまとめる場合には、同じような着眼点が、情意という一つの〝島〟の中の二つ以上の要素に含まれないよう、留意していただかなければなりません。

また、着眼点によっては、わが社の場合、むしろこれは、指導・育成よりも、統率・調整としたほうが――ということもあろうかと思われます。もちろん、それは、そのように扱っていただくことで結構です。その場合、各考課者が、その旨、考課者訓練の場などで、相互に確認し、共通の基盤に立つことが必要であることは言うまでもありません。

3 基本的能力

基本的能力の知識、技能などの考課着眼点について

(1) 知　識

① 定義

当人が格付けされている等級に期待し求められる知識（共通、関連、専門、特定を含む）――知っている内容、情報の種類。

② 着眼点～該当する行動

・担当する仕事に必要なセオリーや原理原則を知っているかどうか。
・諸規則、諸規定の内容を正しく把握しているかどうか。
・読むべき本を読み、受けるべき研修を受けたかどうか。
・担当する仕事に必要な知識につき、同僚（同じ等級の者）の知らないことを知っていたか。
・上位等級の読むべき程度の本を読み、内容を自分のものとしているか。
・社内外の研究サークルや研究団体に参加し、アップ・ツー・デートな情報を集め、それらに詳しいか。
・マニュアルの内容を正しく把握しているか。
・読み、書き、計算などの基礎的知識は十分か。
・仕事の目的（ねらい）や期待水準を示すだけで、方法はすべて任せられる。
・他部門や周囲の人たちから、仕事上のことで、よく問い合わせや相談を受けている（しかも、的確に答えている）。
・業界誌、専門誌などから投稿依頼を受け、高い評価を得ている。
・社外からの要請を受けて、研究・発表などを行い、良い評価を得ている。
・指示をしなくても、企画書、計画書、レポート、資料などを作成することができ、しかも、やり直しをしたことがない。

【自分の職場での着眼点】

・
・
・
・
・
・
・
・
・

(2) 技能（術）

① 定義

当人が格付けされている、あるいは組織における位置づけに期待し求められる技能（共通、関連、専門、特定技能を含む）――仕事の手並み、腕前、技量など

② 着眼点～該当する行動

・正しいやり方で仕事をしていたかどうか。
・ムダ・ムラのないやり方であったか。
・目的に合った手段、方法であったか。
・あらかじめ確定した遂行基準（手段、方法）に従っての仕事であったか。
・標準や基準どおりの仕事であったかどうか。
・行き当たりばったりでやっていなかったか。
・クレームや苦情は持ち込まれなかったか。
・同じようなミスを繰り返さなかったか。手直しを加える必要はなかったかどうか。
・設備、機械、器具などを正しく使ったり操作していたか。
・計画の立て方に手落ちはなかったか。

・適切な目標、方針の設定の仕方だったかどうか。
・説明は相手にわかるような話し方だったか。
・部下各人の動機づけ、育成（個別指導）の仕方は適切なものであったか。
・必要な資格、免許をとったか（それを仕事に活かしたか）。
・状況に応じたリーダーシップを発揮する方法を心得ていたかどうか。
・組織の結束力を高める方法を身につけていたかどうか。
・ノウハウ（知識技能）として、一般的なマネジメントスキルはどうであったか。
・顧客の要望に対して十分応えることができるかどうか。
・自己流で仕事をし、決められたとおりしなかったかどうか。
・作業を進めるうえで支障はないか。
・カン・コツを身につけているか。
・誤りを発見し修正する力は十分か。
・段取り上手で、進行手順にムダはなかったか。
・ＯＪＴに当たっては、被指導者のレベルに合わせて作業分解して教えているか。
・「仕事の教え方――四段階法（ＴＷＩ―ＪＩ）」をマスターしているか。

・自分の考えを相手に伝え、理解させる方法を身につけているか。
・部下や後輩の不足している点を指摘することができるか。
・説得技術にも優れ、有利に折衝するか。
・仕事だけでなく、その段取、準備も支障なくやれる。
・不良などの識別を正しく行うことができるか。
・材料の見積算定、工数見積が正確にできる——あるいは、任せられるかどうか。
・外部のノウハウを、自社の実態や現状に即して適用、応用したりすることができるか。
・新技術の導入、業務の改善など、新しい方法を駆使し、応用していくだけのものが身についている。
・ミスや異常箇所、異常状態のすばやい発見とその処理ができる。
・仕事の結果だけでなく、その過程においても、ミスや不備はなかった。

【自分の職場での着眼点】

なお、自分の職場の仕事に関連する基本的能力をみていく場合の着眼点としては、多分に仕事の内容にかかわるので、部門によって、きわめて固有な、独自のものになることがあります。その点を考慮して、各部門において抽出してみてください。

4 課題対応能力

課題対応能力とは、情報を収集して関連づけたり、分類、整理、統合して課題達成の方法を考案したり、また、問題の本質、原因を究明し、解決を図る能力のことです。

この課題対応能力は、判断力の系譜と、企画力のそれとしてとらえられますが、これらは、次なる対人対応能力と相まって習熟能力として把握することができます。つまり、習熟（経験）とともに、だんだん深まりをみせていく能力であるというわけです。

習熟によって判断力がどう変化するかを表すと、それは、

理解力 → 〔判断力〕 → 決断力

として示すことができます。ジュニアクラスにおいて、理解力程度の習熟でよい。しかし、これがマネジャークラスになると、決断力程度の習熟が求められるということです。

(1) 理解力

① 定義

仕事の状況や状態を適確に把握する能力。業務上指示された内容や意味、意図を正確にとらえることのできる能力のこと。

② 着眼点〜該当する行動

・仕事の目的・内容をつかんでいるかどうか。
・文章の読み取りが早く、ポイントの把握が的確かどうか。
・肝心なポイントを聞き漏らしたり、見落としたりしないかどうか。
・他人の発言に興味・関心を示し、敏感に反応することができるかどうか。
・同じことを何度も質問することはなかったかどうか。
・関係のない質問がやたらと多かったかどうか。
・メモ、ノートなどをよく整理していたかどうか。
・示された方針、指示に従って仕事を処理していたかどうか。
・顧客からの要望事項などを取り違えることはなかったかどうか。
・同じことを何度も指導することがなかったかどうか。

・定型的な業務の範囲で、計算上の異常値の発見、処理上のミスなどの発見ができるかどうか。
・処理が早くても的外れなものがあったかどうか。
・ピント外れはないか。
・新しいことでものみ込みは早いか。
・わからないところはよく尋ねるか。
・反応は早いか。
・自分の考えをはっきり示せるか。
・用紙の活用にムダがない。
・文章表現、口頭表現とも論旨がはっきりしている。
・あいまいな表現や過大表現したりしない。
・相手に対して事例を示してわかりやすく話すことができる。
・用語や定義を正しく理解している。
・軽率でなく、常に比較検討しようとする。
・言われたことに対して正しく復習できる。

・表現力がある（わかりやすい）。

【自分の職場での着眼点】

・

・

・

・

・

・

・

・

・

・

・

・

・

(2) 判断力

① 定義

情報の取捨選択能力、情報を比較したり、識別評価したり、統合、整合したりして、状況、条件に適合した仕事の手段、方法を決めたり、また変化への適切な対応処理ができる能力。

② 着眼点～該当する行動

・制度や基準内で種々の要素の中から適合するものを的確に選んだかどうか。
・常に採算意識、コスト意識をもって行動していたかどうか。
・要点指示だけで仕事を支障なくやったかどうか。
・優先順位を考えて結論が出せるかどうか。
・方針から逸脱するようなことはなかったかどうか。
・前例、慣行等に応用解釈を加え、状況に適した結論を引き出せるかどうか。
・現実的なものの見方ができず、〝あるべき論〟に固執することはなかったか。
・実態、現状などを分析し、それらが意味するところを的確に読み取ることができるかどうか。

・情報と情報の意味をよく関連づけて解釈していたかどうか。
・自分の都合のいいように情報を取捨選択したり、情報を歪曲するようなことはなかったか。
・物事の一面ばかりにとらわれず、角度を変えて見るようにしていたかどうか。
・その場かぎりの対策をとり、後で困るようなことがなかったかどうか。
・競争相手の動向を的確に把握していたかどうか。
・客観的な、公正なものの見方ができるかどうか。
・自分の意見にこだわることはないか。
・自分で考えをまとめようとしない。
・物事の読みが深く、是非に狂いはないか。
・筋道を立てて論理的に物事を考えるか。
・一つの分野に片寄ったものの見方しかできない。
・他の案件の処理と、つじつまが合っている。
・案件を重要度、緊急度、効果性などの面から判断している。
・よりよい修正は進んで受け入れるところがある。

・臨機応変のところがある。
・対費用効果、長短比較、差異分析などに心がけている。
・まず、全情報に検討を加え、それから区分している。
・矛盾があることにすぐ気づく。
・安易な決定になりそうなときなどに、疑問点などを出したりする。
・自説に必要以上に固執しない。
・自信のあることは強く主張する。
・カギを握る重要な事実にすぐ気づく。

【自分の職場での着眼点】

(3) 決断力

① 定義

部門目標を達成するため、または特命を受けて、数ある代替案の中から、有効なものを選び、決定、実施しうる能力。

② 着眼点〜該当する行動

・決定を保留し、または引き延ばして完結しなかったかどうか。
・決定をためらい、後手後手にまわるようなことはなかったかどうか（タイミングを失したかどうか）。
・多少不確実な状況や情報不足であっても、よく計算された決定をしていたかどうか。
・人の意見に左右されやすいところはなかったか。
・その決定が他部門の業務に支障を及ぼさなかったかどうか。
・原因不明のまま安易に決定を下すことはなかったか。
・対費用効果を考えての決定であったかどうか。
・自部門の利益のみを考えての決定ではなかったかどうか。
・先手、先手と打つべき手を打っていたかどうか。

・タイムリーに決断を下すか。
・決定はいつも部下から支持されるか。
・ハッタリはないか。
・臨機応変の処置がとれるか。
・タイムプレッシャーがかけられても、落ち着いて決定が下せる。
・代替案の根拠はしっかりしているか。
・十分な熟考の末、結論を下そうとする。
・決定を下すときは躊躇なく下す。
・単なるヤマカン的決定でなく、数字や情報に裏づけされた決定を下す。
・結論を急ぎすぎるところがある（決断ではなくジャンプするところがある）。
・貧弱な解決手段に簡単に同意するところがあるか。
・決定に対する理由は、論理的に説明できる。

【自分の職場での着眼点】

・
・
・
・
・
・
・
・
・
・
・
・
・
・

なお、理解、判断、決断力は、課題（問題）解決のための前段能力であり、情報の収集、取捨選択能力とみなすことができます。また、これらは、位置づけ能力でもあります。

さて、課題対応能力のもう一つの系譜は、

創意工夫（力）→ 企画力 → 開発力

としてとらえることができます。この系譜では、ジュニア・クラスには、創意工夫（力）程度の習熟を、マネジャークラスには開発力程度のそれが求められるということです。

(4) 創意工夫（力）

① 定義

担当する仕事の手段、方法等について、自ら改善の必要性を見いだし、改善を推し進められる能力。

② 着眼点～該当する行動

- ・改善提案を行うことがあったかどうか。
- ・仕事を進めるうえで有効な意見具申があったかどうか。
- ・マンネリに陥っていないか。
- ・問題意識が希薄ではないか。

・むだにすぐ気づくようなところがあるか。
・改善結果の成果を見通した具体的な改善提案をするかどうか。
・案を作成することが苦手である。
・現状維持的な考え方しかできない。
・意見を求められても、新しい考え方を示すことがない。
・仕事以外のことにも、興味、関心を示す。
・なんでも事なかれ的な対応をするところがある。
・いつでも同じような仕事へのアプローチをする（ワンパターンである）。
・実務面で、新しい方法を設定した。
・問題解決に対し、いつも傍観者としてふるまう。
・他の人々が考えつかないような提案や提起をする。
・今までのやり方に対し、改善することを思いつくことができない。

【自分の職場での着眼点】

(5) 企画力

① 定義

担当する仕事の目的を達成するために、その方法、手段を効果的に立案し、とりまとめ、展開しうる能力および創造的なアイデアを、現実的かつ具体的にまとめ上げる能力。

② 着眼点〜該当する行動

・担当する仕事に必要な知識をはじめとする情報を期待以上にもっているかどうか。
・問題解決的な要素を含んだものであるか。
・その案を実施することにより、別の機会損失を発生せしめることはないか。
・対費用効果が十分考慮されているかどうか。
・人、物、金のバランスがとれているか。
・現状（状況、条件）からみて実現性があるかどうか。
・付帯条件や改善すべき事項が明示されており、なおかつそれが具体性、現実性のあるものとなっているかどうか。
・目的、指示にあった現実的プランを立てるか。
・必要以上の計画づくりに走りすぎないか。

・非現実的で企画倒れにならないか。
・構成力（とりまとめ）に優れているか。
・他の人々の考え方をまとめて、新しいアプローチの方法をまとめ上げた。
・〝タンスの中を引っかき回す式〟の処理しかできない。

【自分の職場での着眼点】

・
・
・
・
・
・
・
・
・
・

(6) 開発力

① 定義

将来の予測、見通しに立ち、担当する仕事の分野におけるまったく新しい方法を創案し、具現化に向けて展開しうる能力。

② 着眼点～該当する行動

・前例のない内容のものであったか。
・リスクに対する対応策が十分に練られているかどうか。
・試行などを経て有効性が見込めるものであるか。
・斬新なアイデアを打ち出せるか。
・方針の策定に寄与する発想ができるか。
・計算されつくしたうえでのリスクテーキングであったか。
・そのノウハウは、業界全体が注目するものであったか。
・その発見や技術は、特許に当たるものであるか。
・その新しいシステムや、製品によって、会社の収益が大幅に向上した。

【自分の職場での着眼点】

以上、創意工夫、企画、開発力は課題（問題）解決のための後段能力であり、情報を具体的に構築する能力、すなわち具現化能力です。また、これらは実行力をも包含する。

5 対人対応能力

対人対応能力とは、組織の一員としてまわりに働きかけ、職場全体の協力関係、信頼関係をつくり出し、または維持していく能力および組織全体を協力的なかたちにまとめ、各人の力を最大限に発揮させる能力のことです。

この対人対応能力についても、課題対応能力と同様、二つの系譜、すなわち折衝力と指導監督力としてとらえられます。

このうち折衝力については習熟に応じて、

表現力 → 折衝力 → 渉外力

としてとらえられます。

(1) 表現力

① 定義

口頭または文書により、伝達しようとする意思、目的や報告すべき事項を明確に表現できる能力。

② 着眼点〜該当する行動

・全体（あらすじ）――部分（詳しく）――まとめをうまくできる（話す、書く）かどうか。
・話材や引用例が適切であるかどうか。
・抑揚、間合いを取った話し方をするかどうか。
・論旨や訴求点がはっきりつかめるかどうか。
・話し方や書き方がまわりくどくないかどうか。
・簡潔でわかりやすい文章を書くかどうか。
・話すときにつなぎ言葉や挿入語句が目立つようなことはないか。
・いつも、ワンパターンの話し方をしていないか。
・グラフや図表を用いて、要領よく説明することができるか。
・相手に不快感を与えるような身動き（クセ）が目立たないか。
・目を相手に向けて話すようにしているか。

・話すときに落ち着いているか（堅い表情になっていないか）。
・報告事項、依頼事項、トラブルの内容の伝達などを間違えないようにできるか。
・取扱商品の特徴をポイントをついて要領よく説明することができるかどうか。
・口頭、電話の応対はスムーズか。
・誤字、脱字はないか。
・言動がきびきびしているか。
・文章の場合は、構成がしっかりしている。
・文字がきれいで読みやすい。
・明瞭、流暢な発音、話し方である。
・話す相手によく目を向けているか。
・話すときは、熱意、自信、誠意がみられる。

【自分の職場での着眼点】

(2) 折衝力

① 定義

仕事を進めるうえで他人と折衝し、自分の意図、考えを相手に説明し、理解納得させる能力。

② 着眼点～該当する行動

・相手の反応を確かめながら話すことができるか。
・相手の言い分や主張にもよく耳を貸しているか。
・自分の主張を認めさせる代わりに、相手の助言も進んで受け入れるようにしているか。
・状況に応じた適切な出処進退ができるか。
・自分の考えに必要以上にこだわるところはないか。
・相手と情報交換を頻繁に行い、情報の共有化を行っているか。
・自分の主張すべきところは主張し、筋を通すことができるか。
・相手の感情を害するような言動をとることはないか。
・相手の立場に立ったものの見方、考え方ができるかどうか。
・安易な妥協をするところはないか。

・相手のよい提案や修正を快く受け入れようとするか。
・意見の調整がまだ十分に行われていないのに、強引に結論を出そうとするところはないか。
・相手のレベルに応じた話し方をしているか。
・自分が話をひとり占めにするようなことはないか。
・じっくり話し合えばまとまるような交渉も、壊してしまうことがあったかどうか。
・折衝はあらかじめ調整し、準備して進めていたか。
・誠実で気持ちの良い印象を与えるか。
・ＴＰＯに変化適応できるか。
・相手の言うことをよく聞くか。
・相手の気持ちをそらさないか。
・相手に反感を与えず話し合えるか。
・交渉下手でトラブルを起こすことはないか。
・社交性に欠けないか。
・身ぶり、手ぶりなどが大げさすぎないか。

・話すとき、相手や周囲のものが彼（彼女）に注目する。
・自分の主張に対して、いたずらに議論をすることはしない。
・意見の出し方が尊大で長ったらしい。
・相手を説得するときは、事実に基づいて説得に当たっているか。
・コメントをするときは、論理的で、関係する事実を網羅した包括的なコメントをする。
・一貫してリラックスした態度で相手に接する。
・相手を批判したり、いたずらに刺激するような言動をとらない。
・すみやかに、物やわらかにわびる。
・他の人が話しているとき、その人を見下すような目つきをする。
・反対にあうと、自分の考えや意見を売り込むことができない（引っこめてしまう）。
・相手の発言に水をさしたり、すぐさえぎってしまう。
・自分の考えを、いろいろな理由を述べて理解させることができる。
・相手の発言、行動の中に含まれている別の意味をくみ取ることができる。

【自分の職場での着眼点】

(3) 渉外力

① 定義

会社を代表して、社外の人と接し、協力、理解を取りつけられる能力。

② 着眼点～該当する行動

・まわりの圧力や圧迫に屈せず、会社の利益優先の考えに立ち、説得を試み、有利な結果をもたらせたかどうか（あるいは不利な結果をもたらせたかどうか）。
・識見（仕事に対する自分なりの価値観、人生に対する哲学）をもって渉外に当たっているか。
・社外関係先に対し当社方針に対する協力の取り付けをしたかどうか。
・安心して任せられる程度、範囲は狭くないか。
・話し上手、聞き上手か。
・自分だけで動こうとしすぎないか。
・人脈、閨閥などにくい込み、根回しをし、これらを動かしうる政治的手腕をもっているか。
・地域社会、社会集団、業界などの慣行、慣習に則り、対社外との交渉を意図的に有利に展開することができる。

【自分の職場での着眼点】

・
・
・
・
・
・
・
・
・
・
・
・
・

対人対応能力のもう一つの系譜は、

指導監督力 → 管理統率力

としてとらえることができますが、この系譜は、シニアークラス以上に期待される要素であることを特徴とします。

(4) 指導監督力

① 定義

下位者に業務上必要な知識、技能を向上させるため適切な指導をし、仕事上の指示ができる能力。

② 着眼点～該当する行動

この要素における一般的着眼点は、成績考課の要素に当たる「指導・育成・監督」の着眼点、および「基本的能力（知識・技能）」の着眼点を適用します。

能力考課は、いずれにしても成績をつうじて把握されるということです。

とはいうものの、自分の職場では、これを着眼点にしようというものがあるかもしれません。それについては、次に書き出すようにしてください。

【自分の職場での着眼点】

(5)　管理統率力

①　定義

下位者の信頼を得て、組織全体を協力的な関係にとりまとめ目標達成に向けて下級者の持てる力を最大限に発揮させる能力。

②　着眼点～該当する行動

この要素における一般的着眼点も、成績考課の「管理・統率・調整」の着眼点、および「基本的能力」の着眼点を適用します。

能力考課は、成績考課を媒体として把握されるということです。

次の自分の職場の着眼点には、独自の内容を書き出すようにして下さい。

【自分の職場での着眼点】

6 コンピテンシー

ディクショナリーの短文例

管理職に期待される行動基準（例）

(1) 戦略、課題設定力

① 自社の基本理念、存在意義そして事業戦略を常に意識し、信念に基づいた決断とそれに基づく率先垂範を行っている

② 先駆的な手法や技術をいち早く取り入れ、組織や自分自身の仕事の改善に活かしている

③ 外部環境に意を払い、市場ニーズを見抜く力とこれに対応する力をバランスさせビジネスモデルを創造している

④ 専門情報に限らず広くコンセプトや手法を柔軟に受け入れ、新しい組織、情報、技術を創造している

⑤ 常に問題意識を持ち、自社の目標・方針そして期待などを読み抜く努力を払い、自

ら今何をすべきかを考え行動指針として明確化している
⑥ 現場の事実に基づいた情報、提案を積極的に受け入れるとともに、自らも提案し指導している

(2) 革新力

① 自社の基本理念から短中期の戦略と計画を立案し、必要に応じてプロジェクトを編成し実行推進している
② 的確な認識、情報分析を基に絶えず進歩向上を目指し、日常業務と将来業務、維持業務と改善業務をバランスさせて推進、進行している
③ 周囲が見ても、実際のビジネスとして展開できるレベルまでコンセプトを具体化している
④ 具体的な展開に際しては、新たな状況や問題にも対応できる柔軟な組織づくりが出来ている
⑤ 業務上のネックや改善点をそのまま放置することなく、常に改善の積み重ねを続けている
⑥ 戦略・計画を実行・推進するために、メンバーに対しての意欲の喚起、その持続化

のアイデアをあらかじめ用意して対応している

(3)　リーダーシップ

①　常に自己革新に努め、高い次元の率先垂範や言行一致を実践し、部下の絶大な信頼を得ている

②　役割を強く自覚し構成メンバーにも目標達成の重要性と理由を十分に理解させたうえで、部下の旺盛なモチベーションを持続して引き出す言動をとっている

③　高い目標を立て、そのための問題解決方法を探究し仕事の方向づけを具体的に部下に示し、権限委譲と有効な動機づけを行っている

④　衆知を集め部下が自発的に仕事に打込み、目標に挑戦するよう効果的な指導、援助を行っている

⑤　組織目標を達成するため何が問題かを認識し、状況下でのリソースを迅速、効果的に組織化している

⑥　建設的な批判は素直に受け止め、状況変化に対応できる柔軟性と変化革新する勇気を保持している

(4)　育成、開発力

① 人は与えられた仕事の質・量によって育つものであるという考え方のもと、有能な部下には困難な職務を経験させている

② 絶えず部下の能力開発に心がけ、その向上に努めた後も、結果を正しくフィードバックしメンバーの信頼を得ている

③ 人の能力は無限と考え、部下には思う存分にチャレンジする機会を与えている

④ 部下に対しては、公・私をわきまえ、役割の立場からした厳しさと、愛情を持って指導している

⑤ 人材成長の原点は目標達成の動機づけにあるとの行動心理を十分に理解し、自己実現の欲求を喚起しさらに刺激するマネジメント技法を駆使している

⑥ 一人ひとりの能力、適性に応じた指導を心がけ、効果的なコミュニケーションを行っている

(5) コミュニケーション力

① 大所高所に立って協議・説得、方針の提示を行い、関係者と緊密なコミュニケーションを行っている

② 自分の考えを抑えても組織ニーズを優先させての調整や意思決定を行っている

③ トップからの情報は、その意図するところをよく理解、判断し、タイムリーかつ十分に部下にブレークダウンしている
④ 社内外のキーパーソンを見抜き、中長期的な視野で関係づくりを行っている
⑤ 上司、同僚、部下との接触を密にし、特に相手方の問いかけに対する情報提供には親身になって適切に対応している
⑥ 会議・ミーティングなどの運営は、黙りがちな人の意見も出させ効率的に行っている

(6) 自己改革力
① 高い専門能力を実際のビジネスや改革、改善の場面に応用、展開している
② 自己の現状を冷静に分析し、克服すべき課題を認識するとともに、新しいアイデアを出しその解決を着実に図っている
③ 社会の動向をいち早く察知し、戦略推進に向けた対策を検討し自ら進んで実行している
④ 常に問題意識を持ち物事の現象から意味を考え、洞察し類推できる習性と能力を練成している

⑤　あらゆる機会を捉えて視野拡大を図るとともに、新しいテーマや難しいテーマに思い切ってチャレンジしている

⑥　人として模範とされる人格、良識、倫理観にたっての立派な言動を行っている

営業職ディクショナリー（例）

○　他人が嫌がる仕事でも率先して行っている
○　自分に余裕があり、他人が困っているときには率先して援助している
○　自分のもっている情報を、いつでも誰にでも惜しみなく提供している
○　相手の考えをよく聞き出し理解したうえで、適切なアドバイスをしている
○　どんなときでもえり好みせず協力している
○　周囲に困っている人がいれば、気楽に声をかけ励ましている
○　職場の問題点を把握し、誰かれなく相談を持ちかけ解決への行動をとっている
○　担当業務のやり方あるいは仕事そのものを常に意識し、やり方などに取り組んでいる
○　頻度の多いトラブルにも、その原因を追究し事前に対策を準備している
○　顧客志向に徹して社外の関係者から信頼を得ている

○幅広い人脈を持ち、それを仕事に活かしている
○変化を先取りして、先をにらんだ仕事をしている
○前例にこだわらず、人がやっていない事にチャレンジしている
○相手の立場に立って、物事を考えて行動している
○現状維持に満足せず高い目標を持ち、達成するための努力をしている
○自分より一段上の立場に立って、物事を考えている
○仕事の責任を自覚し、さまざまな問題や課題の解決をするために、自ら進んで社内外の人たちと接触している
○本人にとっては好まぬ担当業務であっても、その必要性を十分に理解し、常に全力を傾注している
○マネジメントサイクル（P.D.C.A.）を全員に浸透させる強い意志を有し、率先垂範して実行し、信頼を得ている
○組織全体としての業務の流れや手順、手法などの改善を日常的に意識しながらリスクテイキングをしている
○業務の目標や投資効果との関連を十分にふまえて、自分の業務のあり方のムダの

有無を検証している

○　会社の発展、部門の発展を目的として難しい業務目標を自ら設定し、その遂行のための自己啓発に取り組んでいる

○　常に将来の経営課題を見据えて市場の動向やニーズを的確に分析し、将来戦略の提案を行っている

○　社内外に幅広い情報源や人脈、情報ルートを持ち、収集した情報を整理して必要なヒントをつかみとり実務に活かしている

○　収集した情報を取捨選択し、関係部門にも協力を惜しまずに提供している

○　現実を直視し、徹底的な分析により問題の本質的な改善やプランを提案している

○　行動や結果を冷静に受け止め、原因の究明を行い、新たな発想で課題に取り組んでいる

○　目標やテーマ、解決すべき事柄に対して、冷静な判断を行い、効率的な具体策を策定し業務遂行の改善に役立てている

○　発生した問題を放置せず、進んで事態の推移を検証し、新たに追加方策を立て実行している

○　問題解決に当っては、部下と情報を共有し、企業理念にのっとり調整を行っている

○　関係者間で検討を有する問題は、業務の重要度、緊急度を正しく判断し、適時、的確に意見調整を行い、円満に処理している

○　重要な意思決定を行う場合には、非公式であっても事前の合意を得るために関係当事者をうまく活用し、対応策や有効なアプローチをしている

○　自分の考えや主張にこだわりすぎることなく、他人の意見も良く聞いて、対人関係をうまく保ち、組織目標達成のために一致協力している

○　会社上司の方針を十分理解し、業界、組織の慣行などを常に念頭に置いたうえで話し合いや折衝を進め効率的な運営をしている

○　時間や予算などを意識し、状況の変化や困難度を考慮し効率的な目標達成のための多くの手を持ち、状況に応じてそれを使い分けている

○　職責を十分認識して、いかなる困難に直面しようとも、目標達成するまで挑戦しつづけている

○　目標達成の重要性や成し遂げたときの充実感を十分に説明し、部下を動機づけ、

やる気を起こさせるテクニックを持っている

○　明確な目標を設定周知し、報告・連絡・相談の徹底をとおして遂行プロセスをチェックし、本人へのフィードバックを確実に行っている

○　業務遂行過程において、ヒト、モノ、カネ、情報、時間の5つの経営資源の実態や状況を見きわめて、組織ニーズを満たすために、解決すべき課題を常に明らかにしている

○　点数や格差に固執せず、結果に至るプロセスをしっかり分析し、原因やポイントを適切に表現して部下の育成に結び付けている

○　会社の活動に関する情報を的確に把握し、それに求められる役割に必要な専門的用語を駆使している

○　既存の技術、技能に加え、業務遂行や業績目標の達成に必要な新しい技術、技能を短時間で身につけて、新たな発想で課題に取り組んでいる

○　関係部門のニーズを正しく把握し、最良の情報・サービスの提供に心がけ、常に満足度の向上に努めている

○　部下の能力、成果を公正に評価し、その一層の向上のため有効な指導、援助を行

っている

○　周囲のWANTSを正しく把握し、目標設定に当り関係者に十分に気配りをしている

○　長時間労働の是正、残業の削減を徹底しながら、業務の達成時期や優先順位を明確に判断して、時間配分を効率的に設定している

看護職ディクショナリー（例）

○　仕事の責任を自覚し、患者さんの期待に応えるよう行動している

○　仕事を進めるに当たり、周囲に十分気配りをしている

○　仕事遂行上の工夫や改善に、また能率向上に努めている

○　飛び込みや突発的な仕事にも、適切に対応している

○　上司や同僚との仕事上の報告や相談は、いつも的確に対応している

○　飛び込みや突発的な仕事にも、いやな顔をせず対応している

○　自分の仕事を冷静に振り返り、結果を謙虚に受け止めている

○　患者さんの期待を正しく把握し、常に満足度の向上に努めている

○　職務に対する役割を自覚し、率先垂範して業務を遂行している

○新しいスキルを常に意識した言動をとっている
○困難な仕事にも積極的に取り組んでいる
○チームメイトと仲良くしなければなりません。意思疎通を図り、適時適切な情報の交換を行っている
○先の変化を読み、早くから対応行動をとっている
○人の気持ち、感情を察知し、それに合わせている
○仕事を離れても、個人的に仲良くしている
○反対意見、不確実な情報に振り回されず、ストレス状況の中でも感情的にならないで行動している
○自分の考えを押さえ、組織ニーズに自分を合わせている
○勤務中かたまって無駄なおしゃべりをしている
○名前を呼ぶときは、呼び捨てにしないで職名か、~さんで呼んでいる
○わからないことは勝手に処理しないで、必ず上司と相談して処理している
○呼ばれたら必ずハイと返事をしている
○ごみ、チリを見つけたら必ず拾っている

○患者の身体状況に応じて、病衣の交換をしている
○身だしなみ（髪、爪、ユニホーム）を常に決められたとおり行っている
○患者さんの立場に立った言葉遣い、振舞いを適切に行っている
○忙しく飛び廻っている時も笑顔を絶やさない
○いつも優しい言葉で話しかけている
○各ポジションのサービスが円滑に行くように作業を行っている
○患者さんに正確でタイミングの良い対応をしている
○やるべきこと、やってはならないことの指摘と指導を適切に行っている

介護職ディクショナリー（例）

1　一日の業務計画を認識し行動している
2　チームメイトと効果的な意思疎通を図り、適時適切な情報の交換を行っている
3　利用者と気持ちよく、明るく挨拶を行っている
4　利用者および周囲の雰囲気を察知し、それに合わせて行動している
5　業務遂行上の工夫、改善、能率向上に努めている
6　自己の能力と責任を認識した行動をとっている

7　上司や同僚との仕事上の報告や相談は、いつも的確に対応している
8　周囲に十分気配りをし、先を読み、適切、迅速な行動をとっている
9　介護チームの組織の一員としての行動をとっている
10　職場の規律をわきまえた行動をとっている
11　職場の環境保全に努めている
12　利用者、およびチームメイトを尊敬した言動をとっている
13　常に次の、および明日の仕事の課題を考慮した行動をとっている
14　わからないことは勝手に処理しないで必ず上司に相談し、処理している
15　利用者、上司、同僚との明るい雰囲気づくりに努めている
16　利用者の気持ちを安心させる言動をとっている
17　利用者の健康状態、能力等を考慮した行動をとっている
18　利用者のかゆいところに手の届く行動をとっている
19　いつでも引き継げるくらい利用者の現状を詳しく記録している
20　身だしなみ（髪、爪、ユニホーム）を常に決められたとおり行っている
21　忙しく飛び回っているときも笑顔を忘れないでいる

22　利用者を励まし、夢を与える言動を行っている
23　利用者の備品、職場の備品を大切に利用している
24　時間配分を考慮し、余裕を持って利用者に接している
25　積極的に業務外のボランティア活動を行っている
26　積極的に勉強会への参加、または勉強している
27　業務上の問題点、課題を克服する努力をしている
28　常に介護に必要な備品などを欠かさないようにしている
29　利用者に、優しく、明るく、丁寧に接している
30　どんな利用者にも、理解、納得させられるような説明をしている
31　職場内に病気を持ち込まないように、自己の健康管理に日頃注意している
32　利用者を不安にさせないよう、常に落ち着いた行動をとっている
33　常に反省と次回の改善策を考えながら行動している
34　介護内容によって利用者の心の変化を考慮しながら行動している
35　常に利用者の基本的な日常生活がスムーズに行えるように努力している
36　リハビリで回復する可能性のある利用者に適切な介護を行っている

37　複数の利用者を担当していることを忘れないで業務を遂行している
38　担当利用者とその家族のパイプ役を行っている
39　利用者の不始末を快く受け入れている
40　仕事への充足感と夢を持った行動をとっている

人事考課の正しい判断行動の一助となる、あなたの職場の〝行動着眼点〟は、いくつとりまとめることができましたでしょうか。あなたの職場の着眼点をそのつど追加し、より一層充実した内容につくり上げていただくことを切望してやみません。

演習③

最後に、次の各文の正否を考えてみて下さい。まずはじめに各自で検討し、その後、何人かが集まってグループごとに検討するとよいでしょう。

□1　考課者訓練は、トップや役員層の人たちには、一般に行う必要はない。
□2　人事考課制度や考課表を企画・立案する業務の担当者で部下がいない場合は、考課者訓練を受ける必要はない。
□3　人事考課では、二人以上の考課者が個別に考課を行い、その平均を求める事を原則としている。

□4　人事管理上の目的に応じて、考課結果の活用は異なるべきであるが、考課は利用目的によって甘くなったり、辛くなったりしてはならない。

□5　考課結果については、考課終了後考課者が、被考課者にその大要を知らせ、将来に向かっての改善を話し合うことが望ましい。

□6　人事考課では管理者は、毎期、考課期間として定められた以前の部下の行動についてもよく取捨選択して考課に反映せねばならない。

□7　考課者の人間観には相違があるから、人事考課が成り立つためには、各考課者の人生観、人間観を根本的に改めさせ、平素人間や生活に関する考え方を等しくするようにしていかねばならない。

□8　人事考課は昇進のための資料として実施する場合、昇進序列が考課結果に示されていなくても昇進させて良い侯補者と、しかるべき人とを二分することが出来るだけでも十分意味がある。

□9　人事考課に対する反対や疑念は、現状の人事考課が誤った方向や方法を取っているためではなく、人事考課そのものが持っている本質からくるものである。

□10　調整の際に、やりたい人事に適合するように考課結果を調整することがよくあるが、このようなことは人事に関する責任回避の考えからくることがある。

□11 いかなる人間関係が職場で、上下間に形成されるかということは、互いの評価のあり方いかんということでも規定されてくる面がある。

□12 人事考課における人事の民主化という構想は、人事の決定権を下へ移すということではない。

□13 人事考課は、考課結果を適用する他の人事管理制度が不備な場合でも、中止すべきではない。

□14 人事考課制度は本来、理論的には社員のモラールを阻害するような結果になる性格を持ったものである。

□15 人間に、人情や部下を愛する気持ちがある以上に、その気持ちの大部分は考課の寛大化ということに注がれるのは当然である。

□16 人事考課は社員の企業にとって、役に立つ能力や価値を全部分析し洗い出すことを目的としている。

□17 人事考課の結果を参考として、決定される人事上の問題が考課結果によって、たいした格差を持たないときは、考課者はあまり厳密な態度で考課する必要はない。

□18　人事考課では、例えば、犯罪をしたというときのように、職場外の行動が考課の材料として取り上げられてもいい場合がある。

□19　考課者は考課のために、自分の人生観を変えるというよりは、組織の定めた考課基準をよく理解しようと努める必要がある。

□20　人事考課は管理者の本来の業務という考え方でやるよりも、人事課のなすべき仕事を援助してやるという態度でやるべきである。

□21　人事考課の部門間で生じる甘辛は、その平均を求めてのプラス、マイナス調整をやることで十分である。

□22　考課者間の価値基準の調整、統一の考課者訓練は二～三年に一回程度実施すれば問題はない。

□23　人事考課制度は本来、理論的には従業員の査定のみを目的として実施されるものである。

□24　人事考課の公開は本来やるべきものではない。評価結果を知らせることで評価の低い被考課者にかえってモラールダウンをきたす。

□25　人事考課表の評価結果は、その序列が明確となることからして、点数をつけて評価するほうがよい。

結び

考課者である上司は「部下を成功させること」を自分の役割だという思いで仕事に接しなければなりません。ただ単に責任感のためだけに部下を評価するのではなく、部下の成長を願いながら、意識の変化が、能力の高まりが、今どこまでできているのかという事実を通して、さらに成長するための励みとする評価にしなければなりません。

〈著者略歴〉
野　原　　茂（のはら　しげる）
元日本賃金研究センター主席アドバイザー
長崎県に生まれる　立教大学大学院修了
企業（大手メーカー）の実務家時代から楠田丘氏に師事し、現職に転じてからは楠田理論の普及に努め、人事・賃金・教育などの分野で活躍。
著書：経営書院「役割評価の手引き」「新・能力主義賃金」「人材成長アセスメント」「人事考課ハンドブック」「部下のやる気を高める目標の決め方」「個を尊重する能力・実力主義の人材戦略」共著として日本労働研究会「監督管理用語の基礎知識」

改訂３版　人材評価着眼点シート

1986年10月30日　第１版第１刷発行
2008年５月18日　第３版第１刷発行
2025年５月17日　第３版第５刷発行

定価はカバーに表示してあります。

著　者　野　原　　茂
発行者　平　　盛　之

発行所　㈱産労総合研究所
出版部　経営書院

〒100-0014　東京都千代田区永田町1-11-1 三宅坂ビル
電話　03-5860-9799　https://www.e-sanro.net/

印刷・製本　藤原印刷株式会社
ISBN 978-4-86326-021-4　C2034